JN236187

しぐさで伝える
フランス語

にむら じゅんこ　著
ハミル・アキ　画

SIMPLE
COMME
BONJOUR

SANSHUSHA

prologue

　しぐさは必ずしも世界共通ではありません。日本ではハリウッド映画などを通して英語圏のジェスチャーが知らず知らずの間に浸透していることもありますが、同じ西洋社会でも、ジェスチャーの意味するところはかなり異なってくるものです。例えば、中指と親指で円を描くOKサイン。アメリカやイギリスでは「オッケー」を、日本では「お金」を、フランスでは数字の「ゼロ」を、そして地中海に面する一部の国では「ゲイ」を意味します。インターネットなどのメディアが発達し、文化のグローバリゼーションがますます進んでいるとは言え、ジェスチャーの差はこんなにもあるのです。

　また、ジェスチャーは日常生活と切っても切り離せない関係にあります。ジェスチャーとともに発せられる言葉は、俗語やカジュアルな表現が圧倒的です。このようにフランス人の生活に広く深く浸透しているジェスチャーに注目し、フランスで初めて記述で残したのはラブレーだったと言われています。「ガルガンチュア物語」には、そうしたジェスチャーに関する興味深い記述が見つかります。しかし残念ながら、多くのジェスチャーはその由来が不明です。

　アカデミックに体系化されたりすることは少ないようですが、ジェスチャーは生きている言語であり、生活の役にたつ便利な手段です。フランス語の勉強がマンネリズムに陥って新鮮さを失ってしまっている方や、挫折感や躓き(つまず)を感じている方、難しいと諦めてしまった方などは、ジェスチャーというもうひとつの扉からフランス語をノックしてみることを是非お薦めします。ジェスチャーを知ると、フランス映画を見るときの楽しみも増倍しますし、会話にも自信がつくはずです。

２００１年２月パリにて
にむらじゅんこ

世界共通ではない混同しやすいジェスチャー

「ゼロ」「何もない」「無価値の」 _____ 8
「お見事!」「素敵!」 _____ 10
「いち、に、さん……」 _____ 12
「やったね!」 _____ 14
「ヒマだなー」「なにもやることがないよ」 _____ 16
「上手くいきますように!」「成功しますように!」 _____ 18
「黙っていても私は知っているよ」 _____ 20
「私です」 _____ 22

御機嫌系ジェスチャー

「ラヴリー!!」「最高」 _____ 24
「ようこそ」 _____ 26
「ラッキー!」「こいつはいいや!」 _____ 28
「脱帽するよ」「すごいですね」 _____ 30
「あんまりじゃない?」「まさか、うそでしょ?」 _____ 32
「つまらないな」「もうあきた」 _____ 34
「うんざり!」 _____ 36
「もう、うんざり」 _____ 38
「勝手にしろ」「どうせ無駄だよ」 _____ 40
「とっとと消えうせろ」 _____ 42
「気をつけな」「てめえ、俺を怒らせる気か?」 _____ 44

パントマイム系ジェスチャー

「たばこ持っている?」 _____ 46
「お勘定をお願いします」 _____ 48

「電話しあおう」「電話してね」_____50

「誰かに盗まれちゃった」
「それ、くすねたのかい?」_____52

「ほら、これで終わりです」
「以上です」_____54

相手をなだめる／はやしたてるジェスチャー

「落ち着いて」「そっと、ね」_____56

「おあずけ」_____58

「やーい」「ざまみろ」_____60

「がんばれ」「それ行け」_____62

「怖かったよ」「こわいの?」
「怖じけ付いた?」_____64

「ひっかかったな!」「だまされたね!」
「やられちゃったね」_____66

「ああ、おもしろいね(皮肉で)」_____68

「あの人は～である」ジェスチャー

「彼は酒を結構飲んでいる」
「一杯飲む?」_____70

「完全にできあがっちゃっているよ」
「彼は泥酔している」_____72

「頭おかしいんじゃないの?」_____74

「完全にいかれているね」_____76

「彼は了見が狭い」「彼女は頑固だ」_____78

「あいつはごまをすっている」_____80

「あの人はあまりいい顔はしなかったよ」_____82

「あの人はあたまでっかちだ」
「あのひとは自惚れ屋さんだ」_____84

「彼は怠け者だ」_____86

程度を表すジェスチャー

「いいえ,全然」「いいや絶対にだめだ」
「とんでもない」_____88

「まあまあだよ」「ぎりぎりだよ」
「よくも悪くもないね」_____90

「全然」「びた一文あげないよ」_____92

「ほんの少しだけ」「ちょっぴり」_____94

日本でも見られるジェスチャー

「いいかい?」「わかったね」_____96

「よく聞きなさい」「気をつけて」
「気をつけなさい」「もうしてはだめだよ」_____98

「こちらへ来なさい」
「もっと近づいて」_____100

混同しやすいジェスチャー

「申し分ないね」「完璧だ」_____102

「忘れてしまった」_____104

「終わりだよ」_____106

「ここへおいで」「おいで」_____108

感嘆符的ジェスチャー

「あらら!」「いやはや!」_____110

「わかった!」
「ああ、そうだった」_____112

口に関するジェスチャー

「他言無用だよ」
「何も、誰にも言わないよ」_____114

「静かに！」「静粛に！」_____116

「黙れよ」「シャラップ！」_____118

「知ったことか」「さあね」「見当もつかない」
「たいしたことないよ」_____120

「ほらだ」「嘘だ」_____122

「私には関係ないよ」_____124

その他のジェスチャー

「知らないよ」「ノーコメントだ」
「さあね」_____126

「くわばら、くわばら（木に触りましょう）」_____128

「困ったな」「さっぱりわからない」_____130

「活をいれなければ」
「もっと厳しくしなくては」_____132

「これで手を打とう」「約束だよ」
「これで話は決まった」_____134

「高いよ」「お金、持っている？」_____136

「おいとましようか」「行こうか？」_____138

本文中の記号について

☆　単語、熟語説明
★　例文
⚠　きつい表現なので注意が必要です。
※cf.　参照マーク
(話)　会話などで使われるポピュラーな単語や表現
(俗)　俗語表現

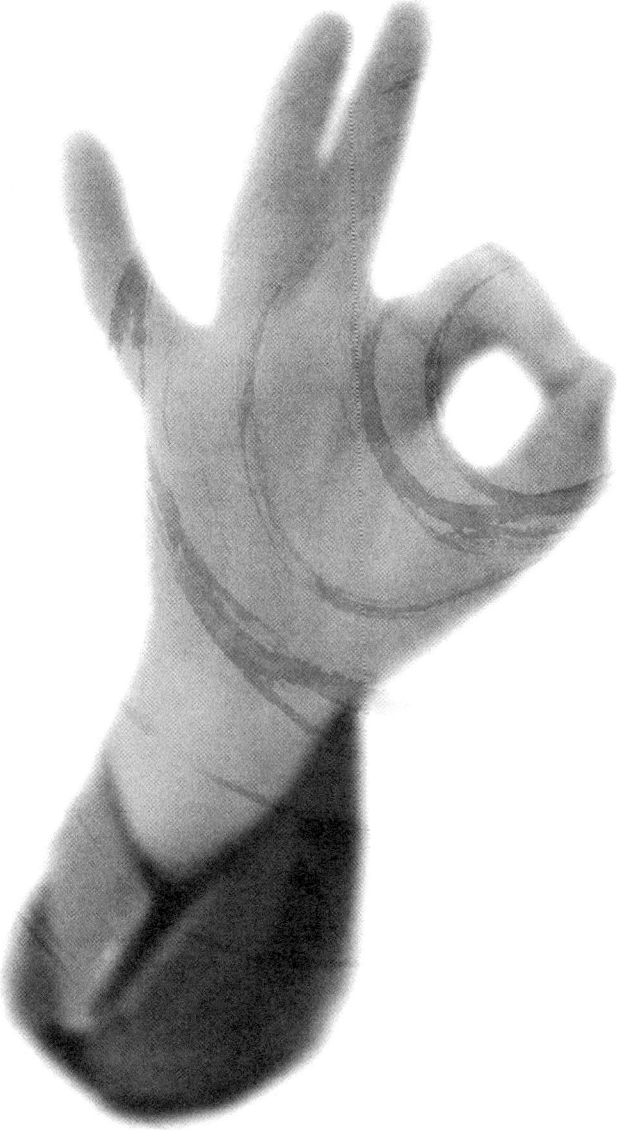

世界共通ではない混同しやすいジェスチャー

Zéro.
ゼロ

「ゼロ、何もない、無価値の」

　親指と人さし指で円を描いた場合、日本では「お金」を表します。あるいはアメリカやイギリスなどのアングロサクソン国のように「OK」かなと思われるもしれません。が、フランスでは、これは数字の「ゼロ」を表し、無価値を意味します。ただし、フランス北部では、イギリスと同じように承諾のサインとして使われるようです。ギリシャやトルコでは、このサインは、「同性愛」を指します。

※cf.　102ページのジェスチャーと比較してみてください。

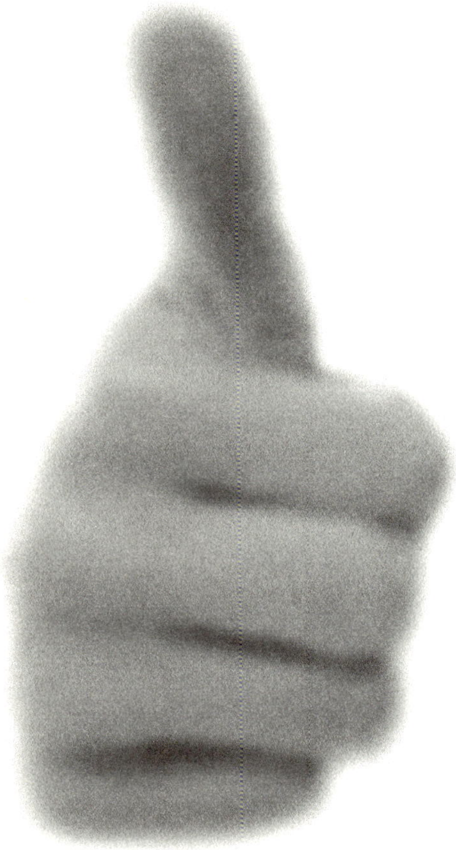

世界共通ではない混同しやすいジェスチャー

Super !
シュペール

Magnifique !
マニフィック

「お見事！」
「素敵！」

　親指だけをたて、相手に向かって指腹を差し出せば、これは「super!（シュペール）」、すばらしい、最高という意味です。ヨーロッパの他の国でも同じように親指を立てますが、ただギリシアや、地中海に面する国の一部では、このジェスチャーは控えましょう。侮辱の意味になってしまうからです。

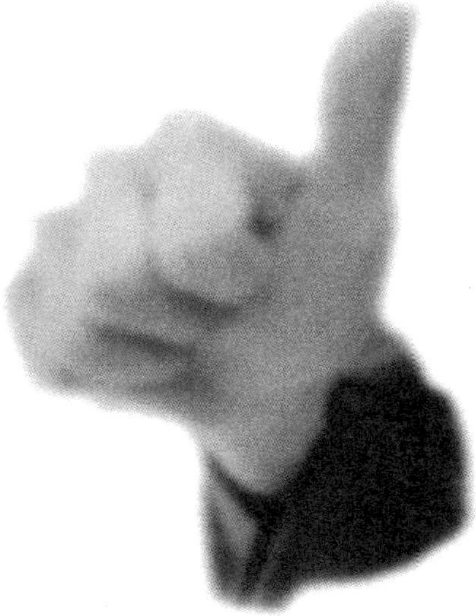
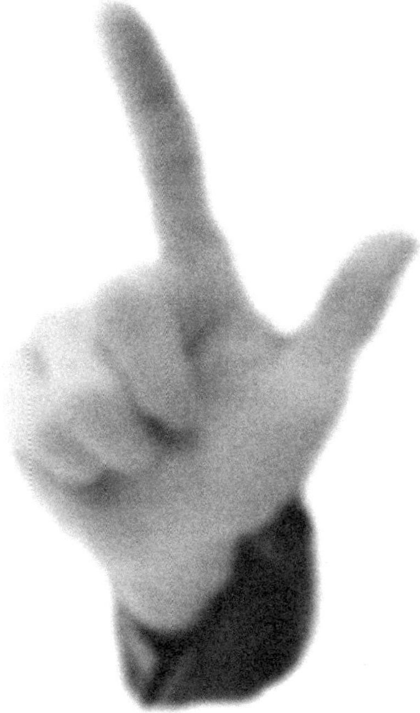

世界共通ではない混同しやすいジェスチャー

Un, deux, trois.....
アン ドゥ トロワ

「いち、に、さん……」

　数の数え方も国によって異なります。いち、に、さん、し……と手を使って数えるときに日本では親指から順に折っていきますが、フランスやイタリアではその反対で、グーの状態から始め、親指から立てていきます。ちなみにイギリスでは人さし指から数え始めます。買い物をしたときに、八百屋さんなどの商人の指を観察してみてください。

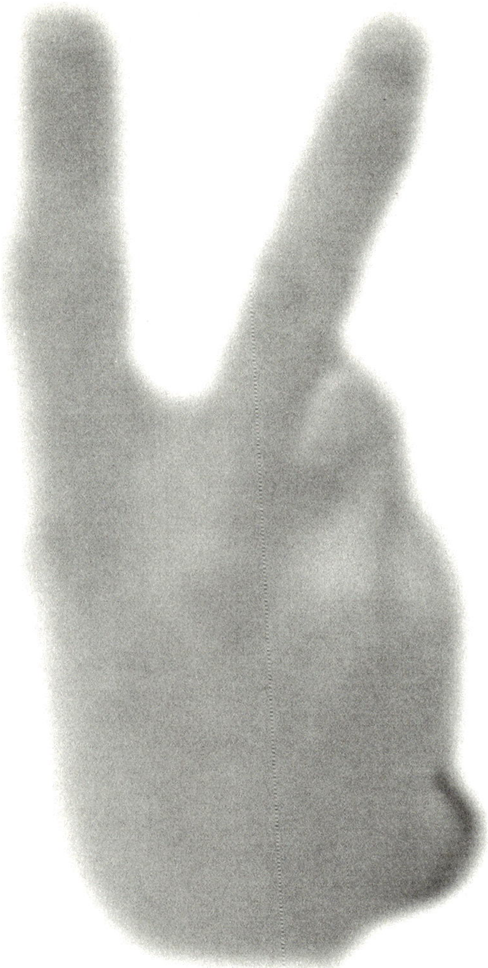

世界共通ではない混同しやすいジェスチャー

Victoire !
ヴィクトワール

「やったね！」

　イギリスやアイルランドでは、Vサインの裏側（つまり爪側を相手に見せる）と、侮辱の意味になりますが、フランスでは、Vサインは裏も表も「Victoire」です。パリに来たイギリス人がバーの店員の態度に怒りこのサインをしたところ、ビールを2本持って来てしまったという嘘みたいなエピソードもしばしばあります。ちなみに、裏Vサインは、英仏百年戦争中、イギリス人兵士たちが逃げて行くフランス軍に対して、矢をつがえた弓の弦を人さし指と中指で引く真似をしたのがその始まりだと言われています。表Vサインは「チャーチルのサイン」と呼ばれています。

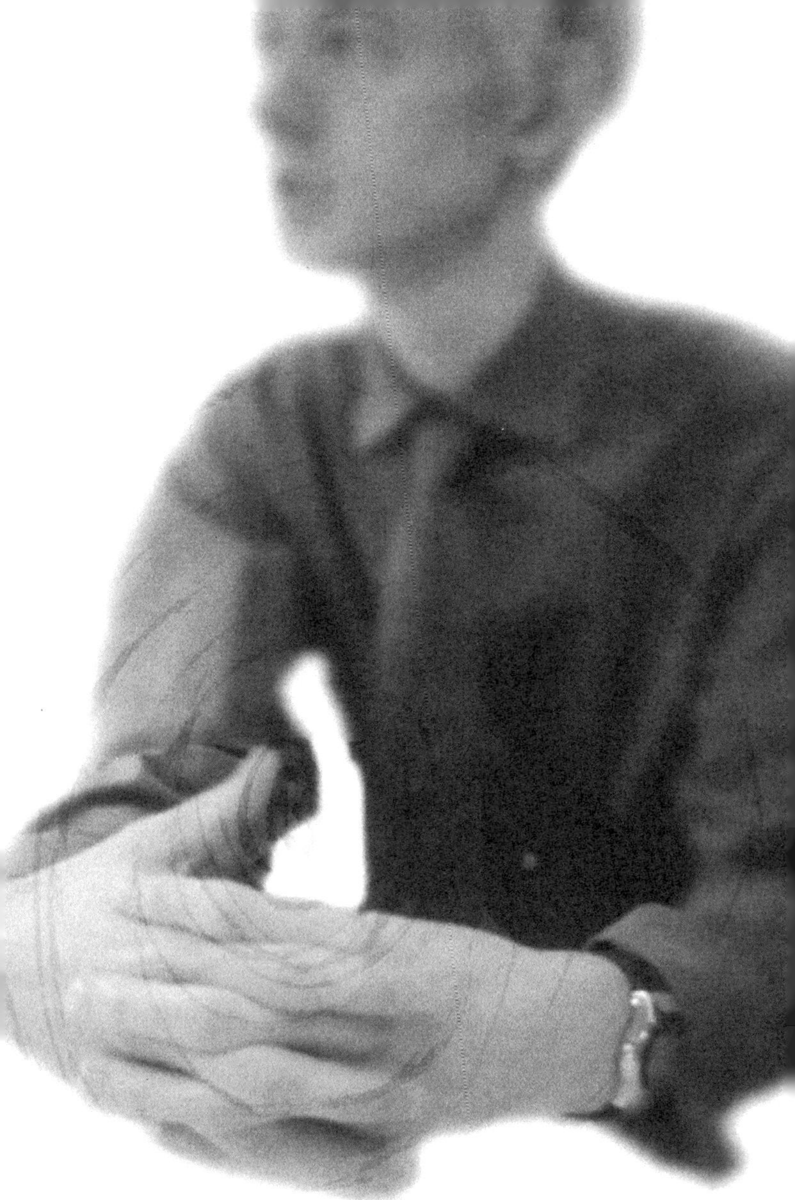

世界共通ではない混同しやすいジェスチャー

On se les roule....
オン ス レ ル

On fait rien.
オン フェ リヤン

「ヒマだなー」
「なにもやることがないよ」

　両手を組んで、両手の親指をクルクルと回転させるジェスチャーです。傍目からは、ボケ防止の指の運動をしているように見えるかもしれません。この動作は、することがなくて、暇をもてあましていることを態度で示したいときに用いられますが、無意識にこのジェストをする人も多いようです。

☆（話）se les rouler → se rouler les poucesなにもしないでいる

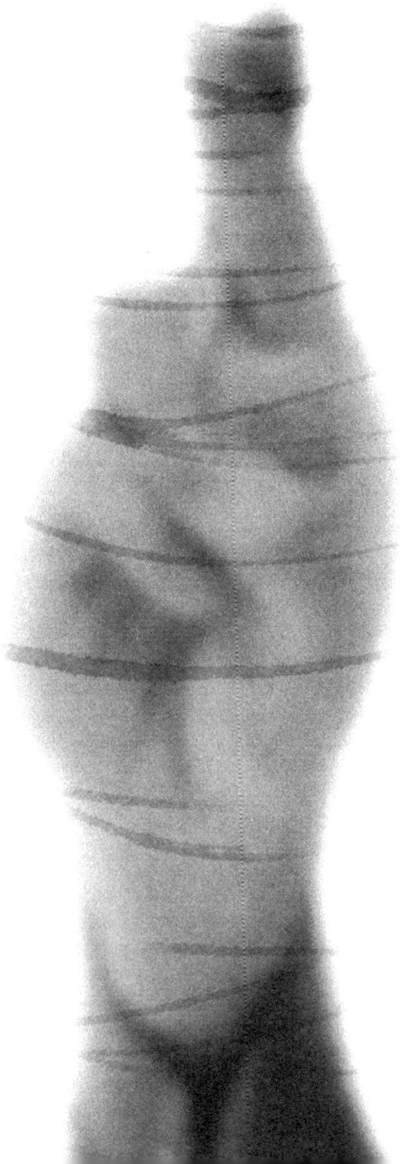

世界共通ではない混同しやすいジェスチャー

Pourvu que ça marche !
プルヴュ ク サ マルシュ

「上手くいきますように！」
「成功しますように！」

　子供がよく使う「エンガチョ！」や「バリヤー！」のジェスチャーに似て否なるものです。フランス人は、片手で人さし指と中指を絡めて幸運を祈ります。試験の前や、お稽古発表の前などにこのジェスチャーをよく見かけます。

☆　Pourvu que〜 ＝ 〜であればよいのだけれども

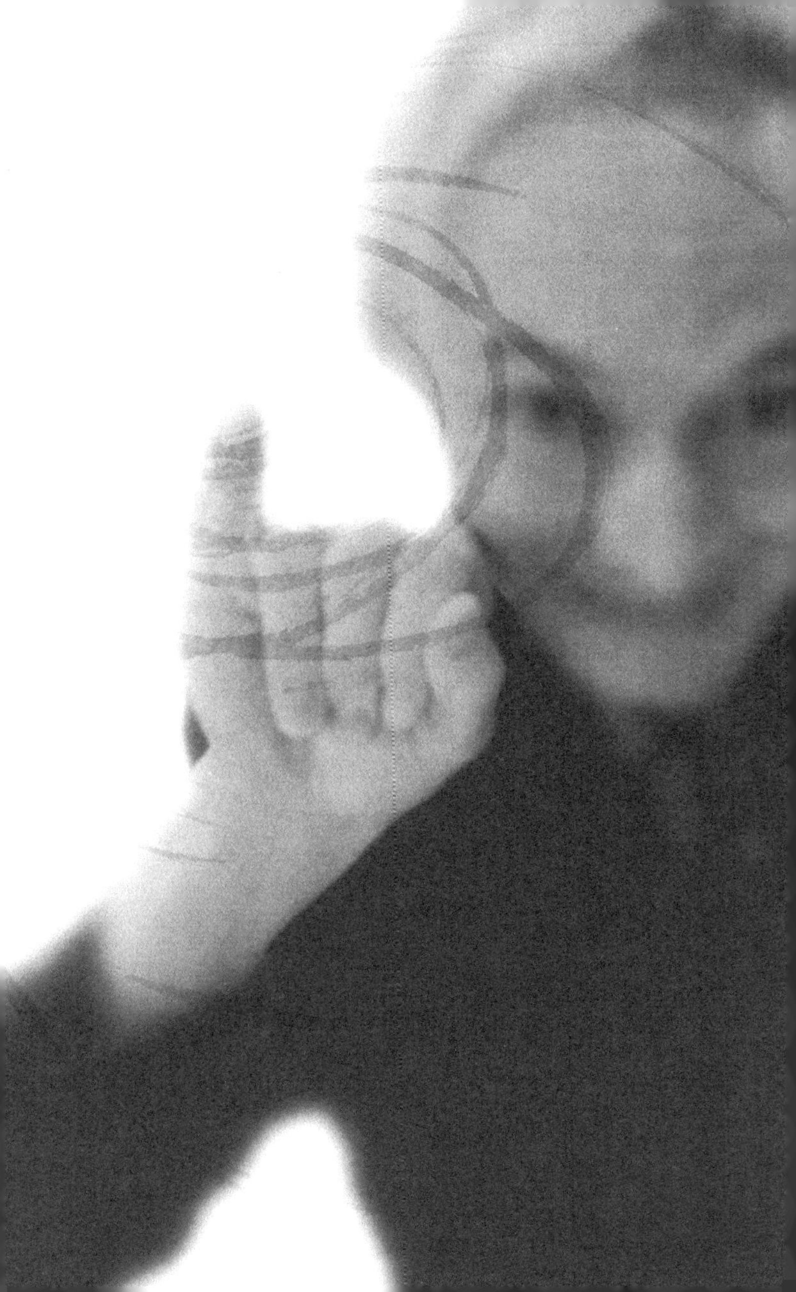

世界共通ではない混同しやすいジェスチャー

C'est mon petit doigt qui me l'a dit !

セ モン プティ ドワ キ ム ラ ディ

「黙っていても私は知っているよ」

　隠しごとをしている人に、「隠したってちゃんと知っているよ」、「嘘をついたって無駄だよ」とたしなめるには、小指だけを立てて自分の耳のあたりにもっていき、曲げたり伸ばしたりします。《Mon petit doigt me dit que …》　「小指が…と私に教えてくれたんだ」というフレーズは、「第六感でわかったんだよ」という意味。誰から聞いたか言いたくない場合もこのジェスチャーを使います。

※cf.　日本のジェスチャーように、小指には「彼女」という意味はありません。

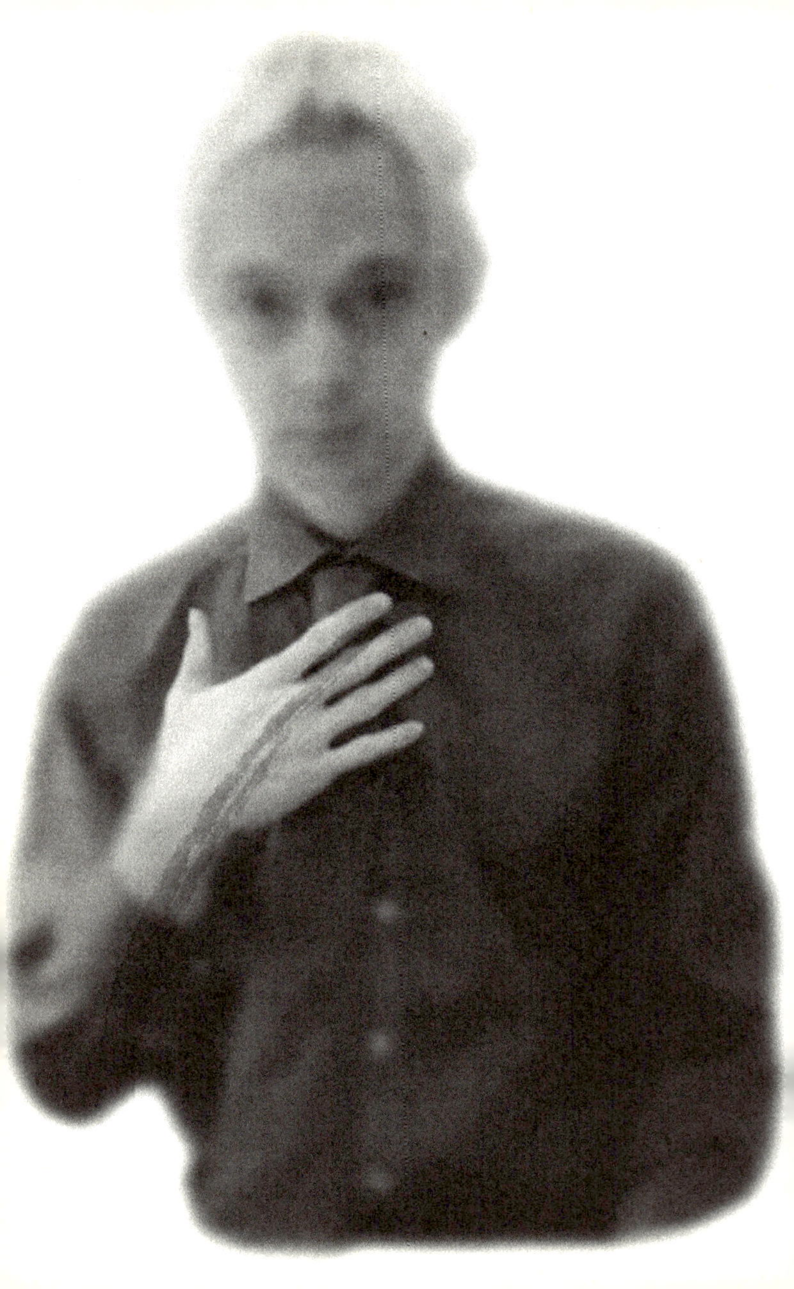

世界共通ではない混同しやすいジェスチャー

C'est moi.
セ モワ

「私です」

　日本では、自分のことを指すのに人さし指を鼻の近くにもっていきますが、フランスでは、伸ばした親指か人さし指で自分の胸のあたりをさします。あるいは、片方または両方の親指以外の四本の指で自分の胸のあたりに軽くふれます。

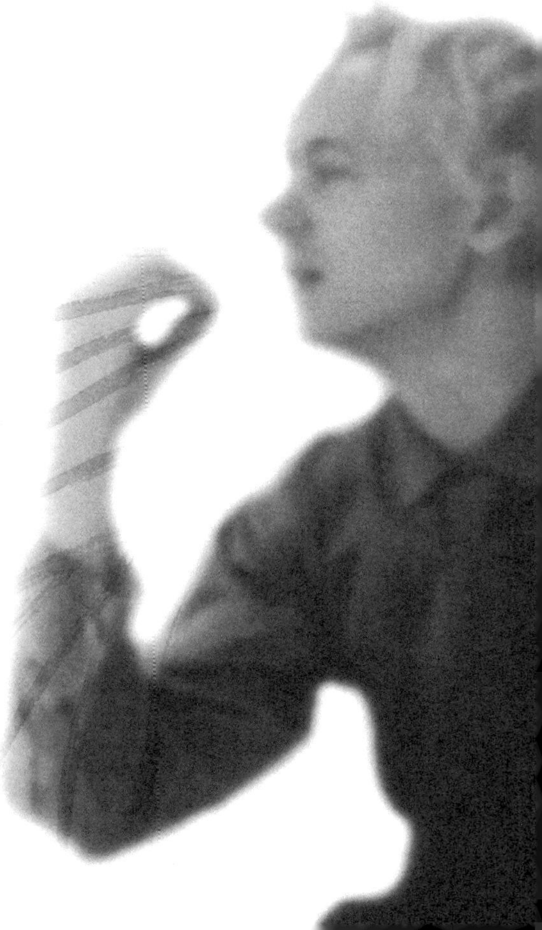

ご機嫌系ジェスチャー

♥
Magnifique !
マニフィック

「ラヴリー！」
「最高」

　人や物のすばらしさ、おいしさを称賛するときには、親指と人さし指をくっつけて軽く唇にあて、次に唇から離しながらくっつけた親指と人さし指もばっと離し、「チュッ」と軽く唇を鳴らします。特においしいものを食べたときに《C'est excellent!》「おいしい」と言いながらこの動作をするのをよく見かけます。フランスだけでなく、イタリアやスペインでも使われているジェスチャーです。

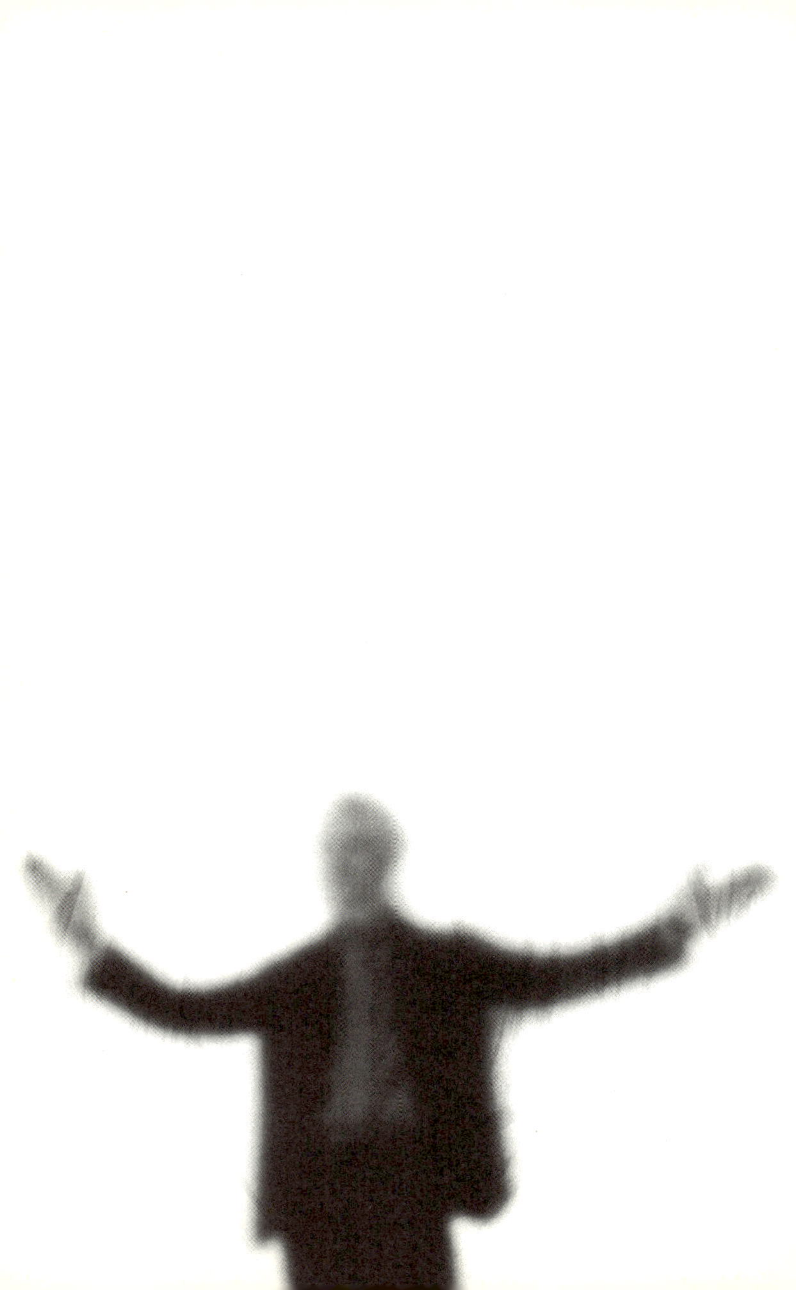

ご機嫌系ジェスチャー

bienvenu !
ビヤンヴニュ

bienvenue !
ビヤンヴニュ

「ようこそ」

　人を喜んで迎え入れるときには、手の平を上に向け、伸ばした腕を大きく開いて歓迎を表します。

☆　男性を歓迎する場合はbienvenu、女性ならばbienvenue
　　（bienvenirの過去分詞）

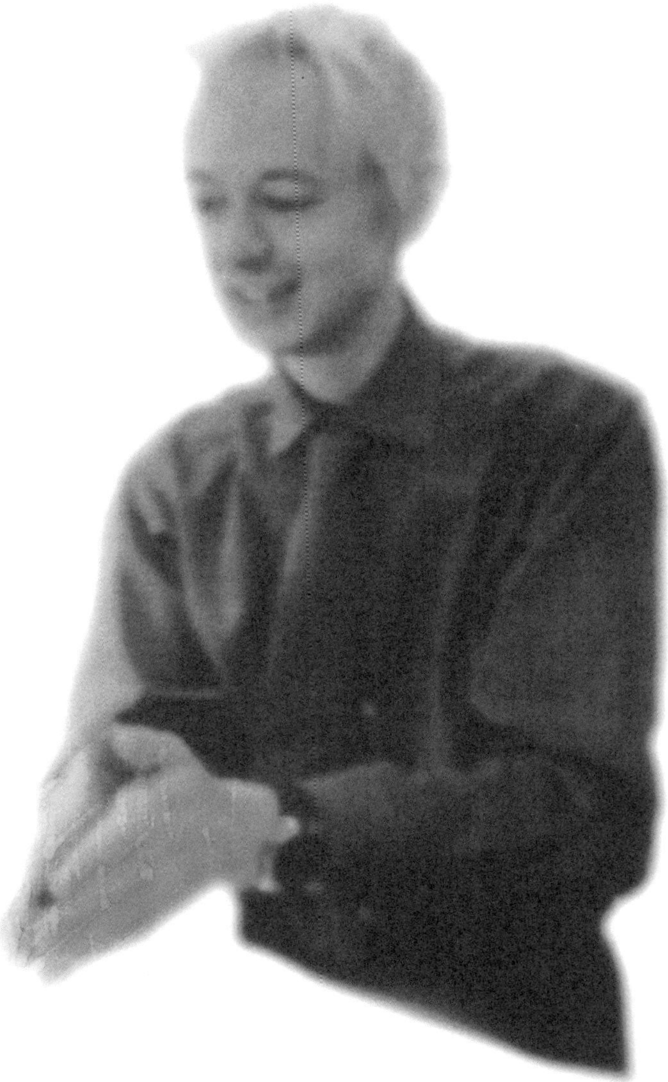

ご機嫌系ジェスチャー

Chouette !
シュエット

Chic alors !
シック　アロー

「ラッキー！」
「こいつはいいや！」

　「すてき」「こいつはいいや」「しめた」「ありがたいなあ」「うれしいなあ」などというとき、満足していることを表したいときに両手をこすり合わせます（寒い時に手をこすり合わせる動作に似ています）。フランス映画などを注意して見ていると、満足そうな顔をしながら両手をこすり合わせているシーンに出会いますよ。

☆　（話）Chouette ＝ すてきな、しめた
☆　（話）Chic ＝ すてきな、親切な

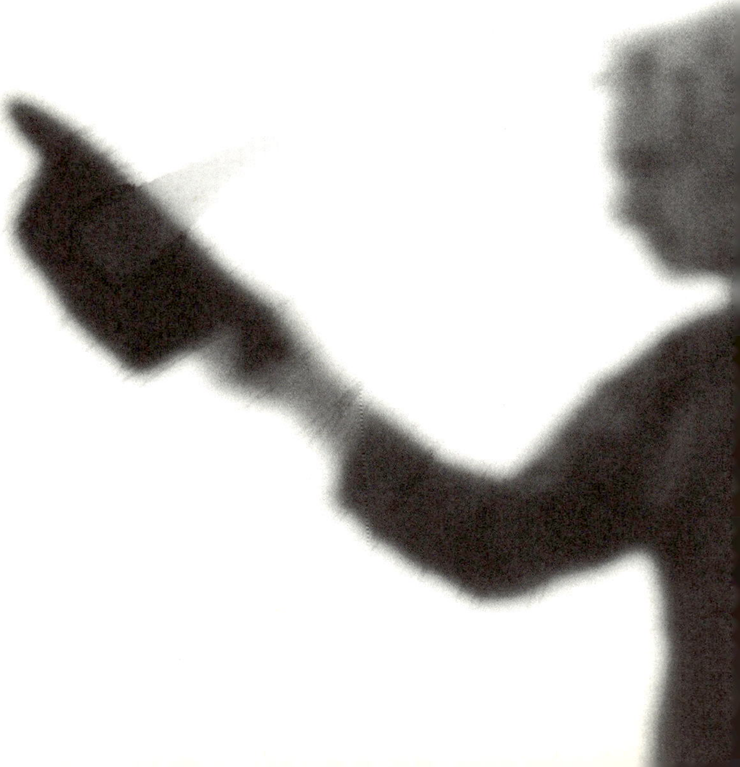

ご機嫌系ジェスチャー

Chapeau!
シャポー

「脱帽するよ」
「すごいですね」

　相手のしたことに感服したことを示すには、手を頭にもっていき、手前に差し出して帽子を脱ぐまねをし、このジェストをしながら《Chapeau!》といいます。やや古臭い表現で、若者にはあまり使われていないようですが……。

☆　Chapeau! = Bravo!

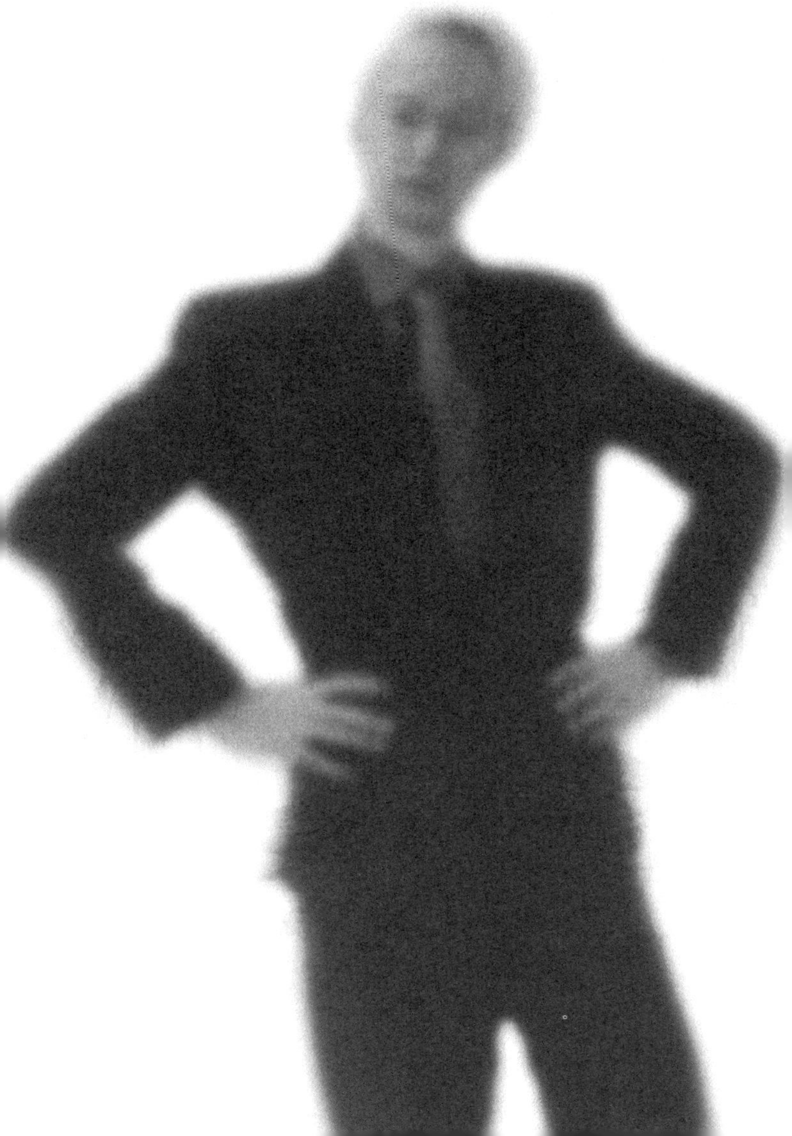

不機嫌系ジェスチャー

1 **Ça alors !**
サ アロー

2 **Sans blague ?**
サン ブラッグ

1 「あんまりじゃない？」
2 「まさか、うそでしょ？」

　相手の言動のひどさに驚いたり、思わぬ事態に直面したときには、両手を腰に置いて低い声でこのように言いましょう。Maisをつけて強調してみてもいいでしょう。《Mais, ça alors!》「ちょっとひどいんじゃない？」

☆ alors：驚きやいらだちを表すときもある。
　　incroyable!「信じられない」といった意味を含みます。

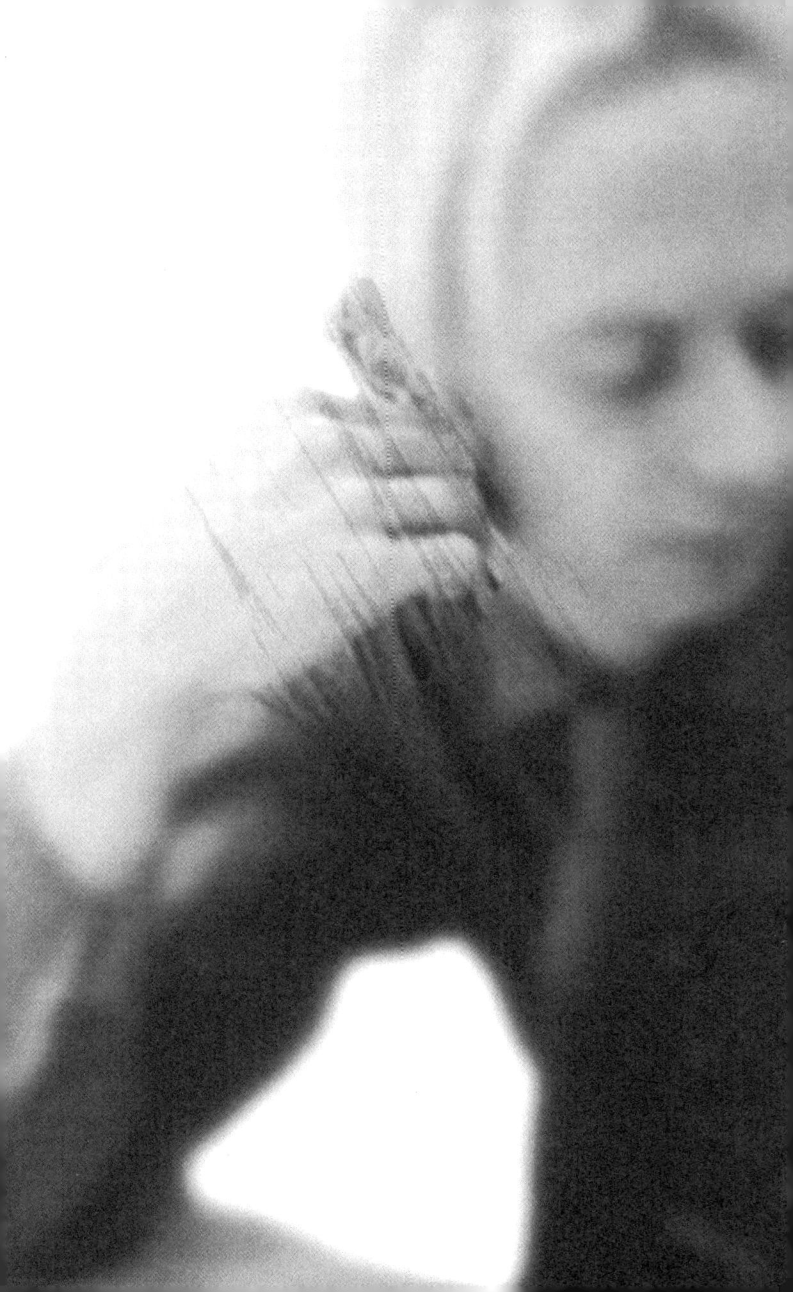

不機嫌系ジェスチャー

Quelle barbe !
ケル　バルブ

C'est Rasoir...
ラズワール

「つまらないな」
「もうあきた」

　退屈至極！という時には、親指以外の4本の指を内側に曲げ、ほおに甲を当てて数回上下に動かします。授業中に学生が机に肘をつきながらこのポーズをとっているのを見かけます。これは、フランス特有のジェスチャーです。"退屈な人間のつまらない話を聞いているうちにヒゲが生えてしまった"というのが由来かと言われています。

☆　barbe ＝ ヒゲ、barber ＝ ennuyer退屈する
☆　rasoir ＝ 剃刀（かみそり）

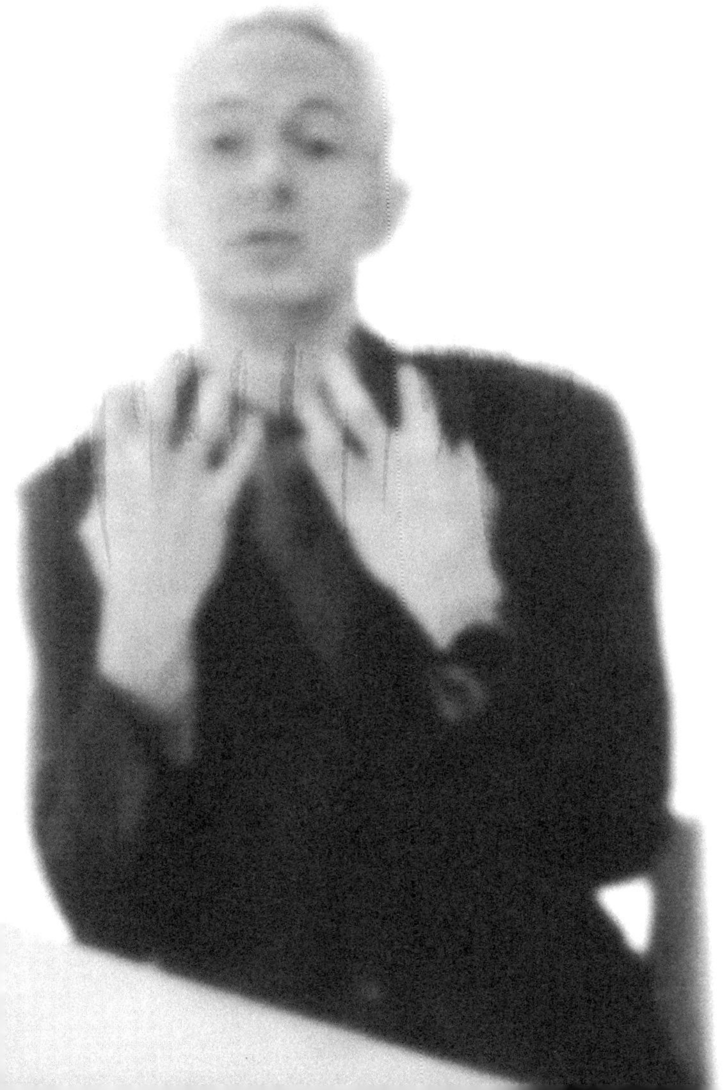

不機嫌系ジェスチャー

J'ai les boules !
ジェ　レ　ブール

「うんざり！」

　なにかにいらだち、うんざりしていることを示すには、首の喉仏のあたりに、軽く握った両方の手をもっていきます。《J'en ai marre》「もうたくさんだ！」という表現より一層強い怒りを表します。

☆　avoir les boules = 不安などで胸がつまる。
　　boule（女性名詞）は、「球、ボール」という意味だが、俗語では「頭」を指すことも。

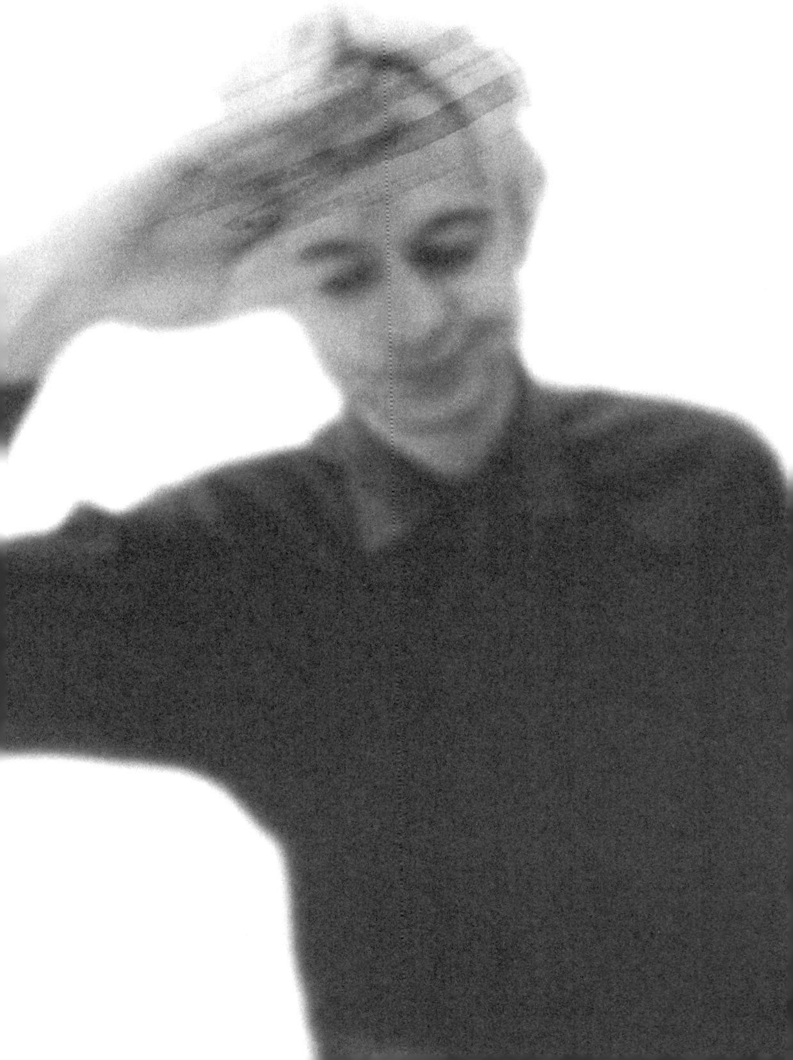

不機嫌系ジェスチャー

Ras le bol.
ラ ル ボル

J'en ai jusque-là.
ジャンネ ジュスクラ

「もう、うんざり」

　もううんざり、限界だ！と言いたいときには、上に表記した表現とともに、下に向けて開いた手の平を頭のところまで持っていき、額にあてる身振りがよく用いられます。

☆　(話) ras le bol：うんざりした。ralbolと綴ることもあります。bolは、本来は「コップ」「お椀」という意味ですが、「運」「つき」という意味もあります。

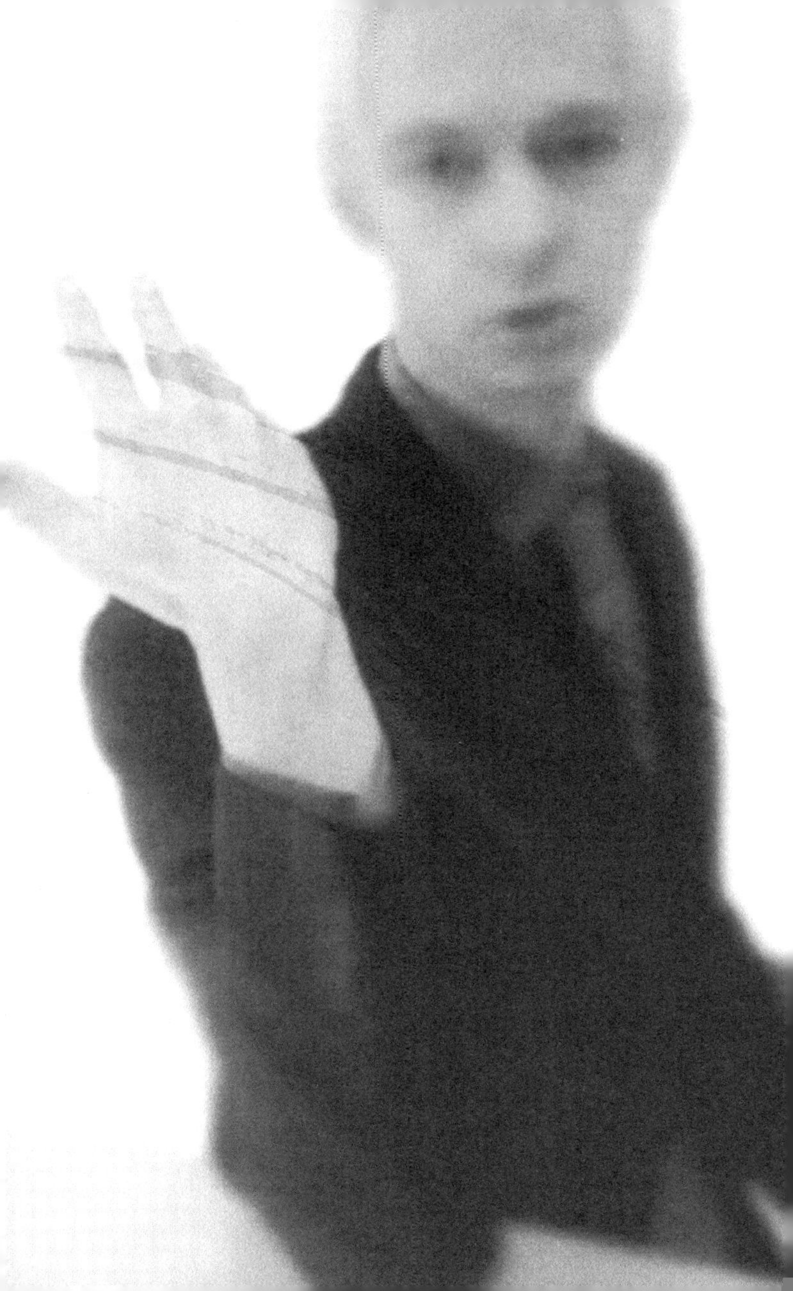

不機嫌系ジェスチャー

1 **Je m'en fiche !**
ジュ マン フィッシュ

2 **Tu peux courir.**
チュ プ クーリール

1 「勝手にしろ」
2 「どうせ無駄だよ」

　ある要求に対してノーと拒絶するときには、手の平を上に向けて開いた前腕を上げ、背後に物を投げる真似をしたり、手首だけを上に動かしたりします。単なる拒絶よりも一層強い拒絶で、「自分には関係ないよ」という無関心を表します。

☆　(話) Je m'en fiche! : そんなことはどうだっていい、知ったことか、かまうものか (se ficher 〜 : 〜を馬鹿にする、無視する)。

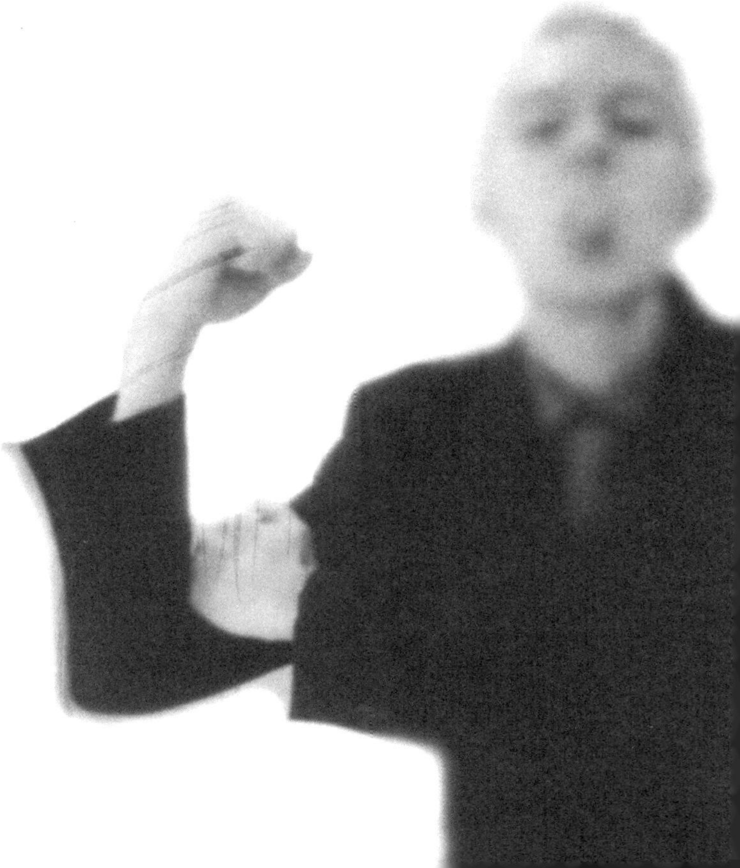

不機嫌系ジェスチャー

Va te faire foutre !
ヴァ トゥ フェール フートル

「とっとと消えうせろ」

⚠

　気にいらない言動をした相手をののしるときには、握りこぶしを作った腕に、もう一方の手を置くと同時に反動でこぶしをあげます。このジェストは「名誉の腕」、bras d'honneur（ブラドヌール）と呼ばれています。アングロサクソン方式の中指の Fuck you!（手の甲を相手に向けて中指だけを伸ばし、上に突き上げるジェスチャー）とほぼ同じ意味です。とても卑猥な俗語なのであまり使わない方がいいでしょう。

☆　(俗) foutre = やる、する、喰らわす

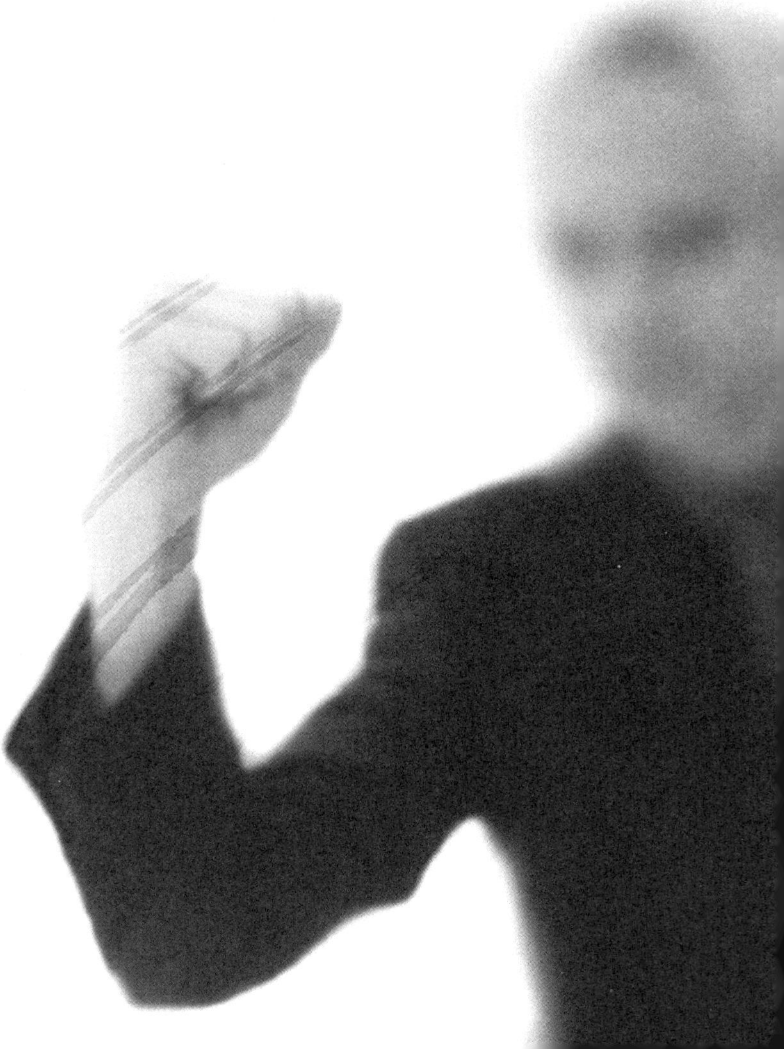

激怒系ジェスチャ

1 # Fais gaffe !
フェ ガフ

2 # Ne me cherche pas, hein !
ヌ ム シェルシュ パ アン

1 「気をつけな」
2 「てめえ、俺を怒らせる気か？」

⚠️

　言動に気をつけないとひどい目にあうぞ、と相手をおどすには、握りこぶしを相手に向けて小刻みに振ってみせます。

☆　（話）faire gaffe = se mefier, surveiller ～に注意する
☆　（話）chercher = provoquer けんかをふっかける、挑発する

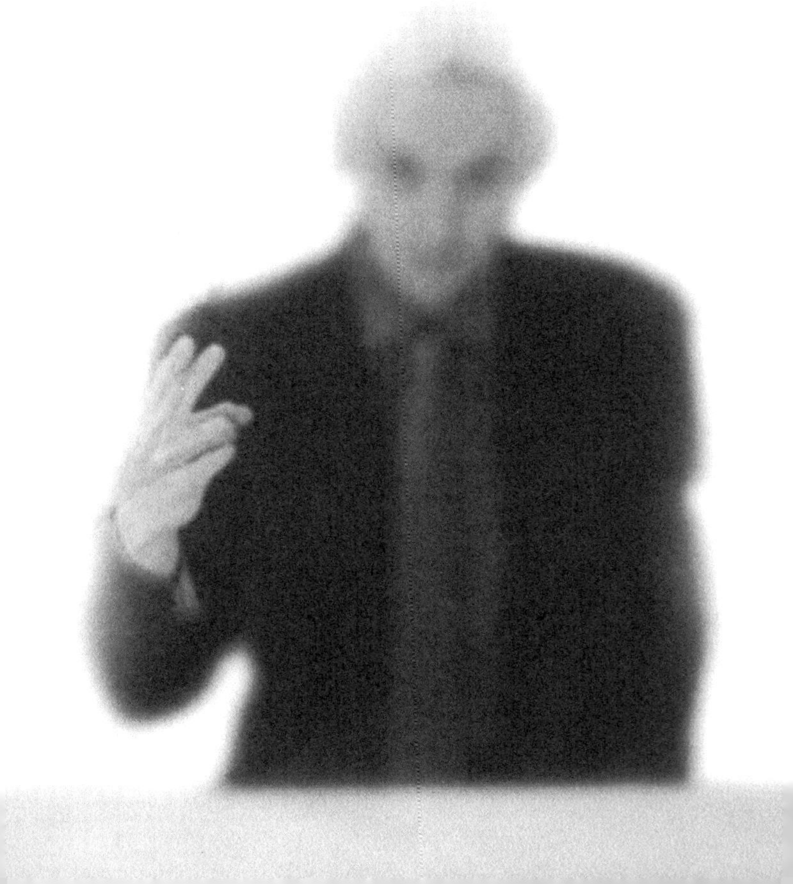

パントマイム系ジェスチャー

T'as pas une pipe ?
タ パ ユンヌ ピップ

T'as pas une clope ?
タ パ ユンヌ クロップ

「たばこ持っている？」

　手の平を上に向け、人さし指と中指だけを伸ばして軽く前後させます。会話の最中に、話を中断したくないときなどによく使われます。手の身振りと同時に口をすぼめてみせる人もいます。このジェスト、中指だけなら「こっちにおいで」というジェスチャに少し似ています。

☆　pipe（女性形名詞）= cigarette

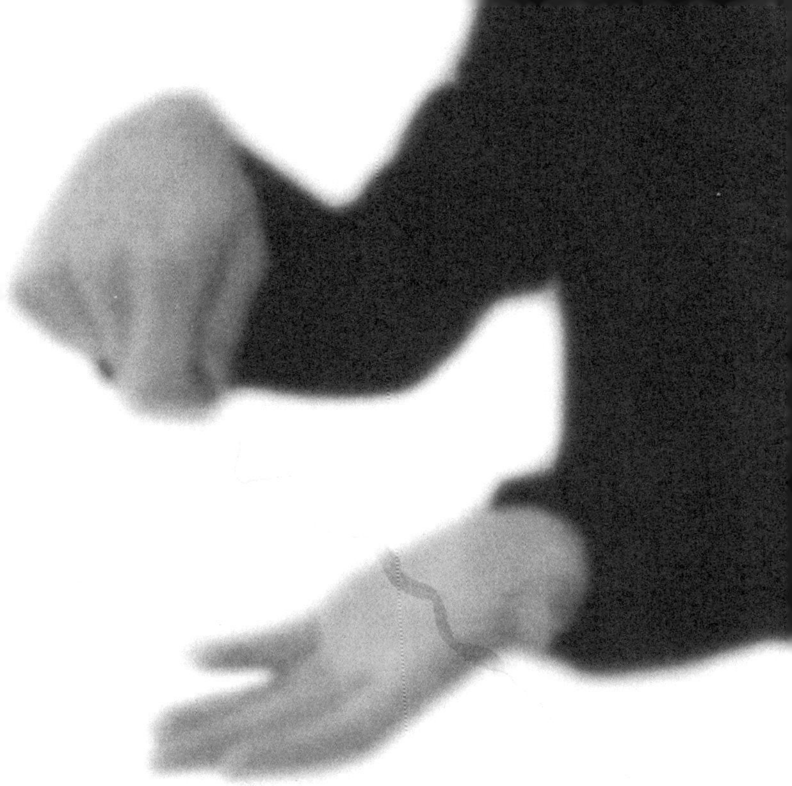

パントマイム系ジェスチャー

L'addition, s'il vous plaît.
ラディション シィル ヴ プレ

「お勘定をお願いします」

　レストランやビストロで勘定を頼むとき、人さし指と親指でペンを握っているふりをして空中に署名を書く真似をすると、ウェイターは目でうなずいて勘定を持って来てくれるでしょう。電話の最中にメモをしたいときなど、筆記用具を借りたいときにも同様のジェスチャーをします。

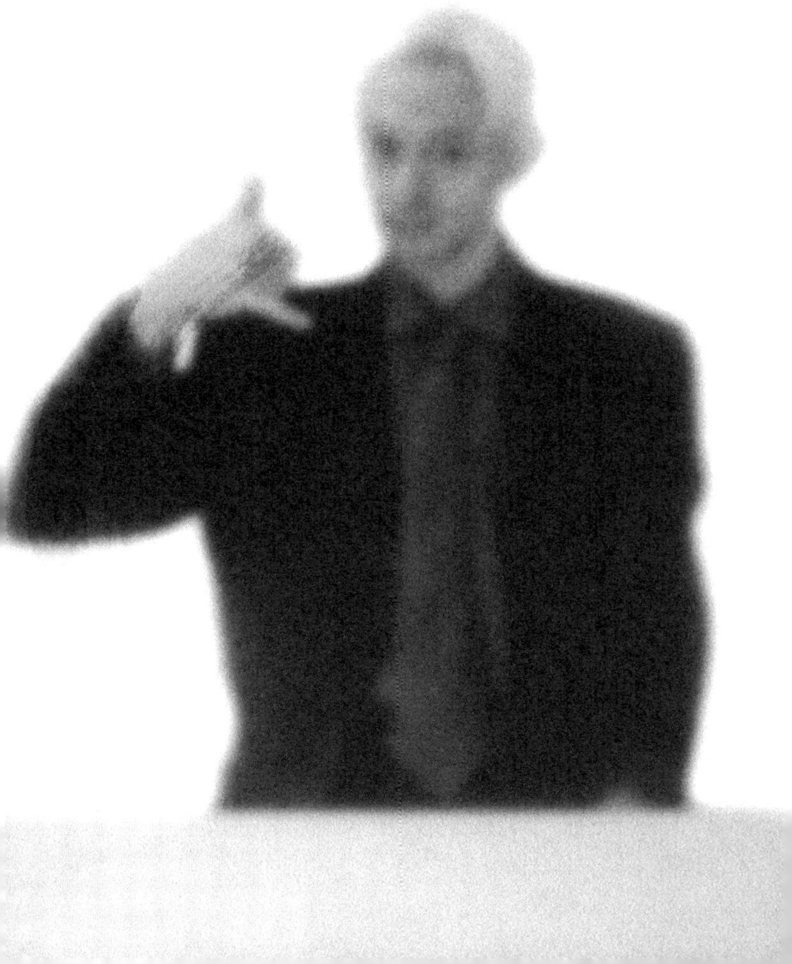

パントマイム系ジェスチャー

On se téléphone.
オン ス テレフォヌ

Passe-moi un coup de fil.
パッス モワ アン ク ドゥ フィル

「電話しあおう」
「電話してね」

　親指を上に小指を下に伸ばし、他の指は曲げ、受話器を持つような真似をして耳のそばにもってくれば「電話しあおう」とか「電話ちょうだい」という意味になります。

☆　passer un coup de fil = 電話をかける

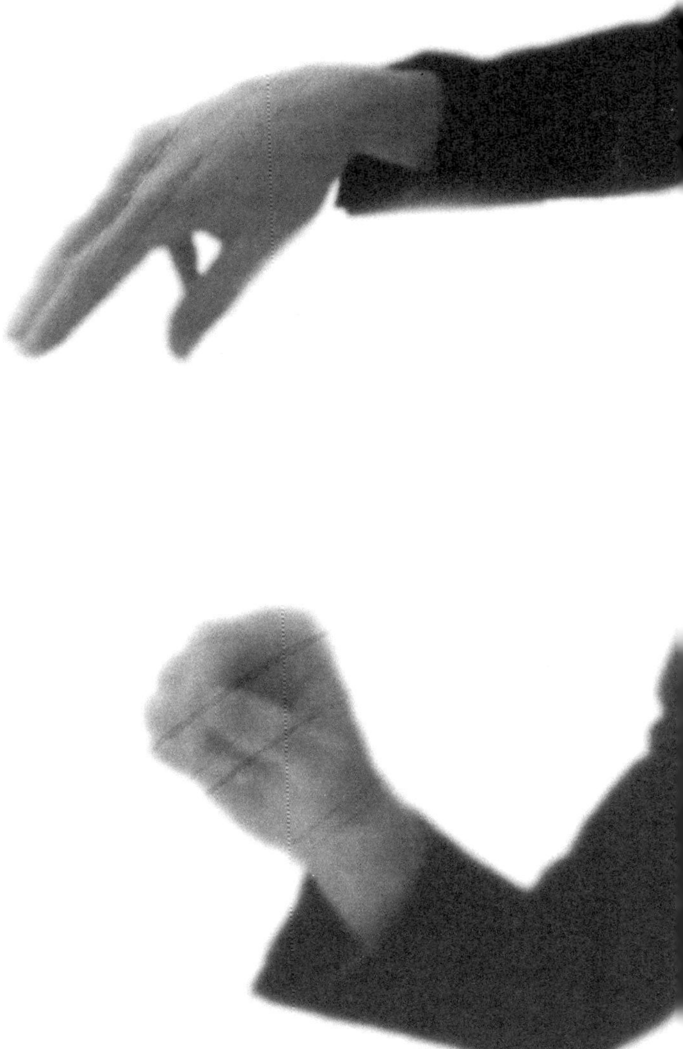

パントマイム系ジェスチャー

1 # On me l'a piqué.
オン ム ラ ピケ

2 # Tu l'as piqué ça ?
チュ ラ ピケ サ

1 「誰かに盗まれちゃった」
2 「それ、くすねたのかい?」

なにかを盗まれた、とられたことを示すためには、下に向けて開いた手の平を、なにかをつかみ取るかのように、閉じて上に向ける動作を素早くしてみせます。人さし指をカギのように曲げる日本式ジェスチャーのフランス版のようなものです。

☆ (話) piquer = prendre

パントマイム系ジェスチャー

Et voilà.
エ ヴォワラ

C'est tout.
セ トゥ

「ほら、これで終わりです」
「以上です」

　話し終わったとき、これ以上なにも付け加える必要がないときには、腹の前のあたりで、片方または両方の手の平をくるりと上に向けます。この時に、腕も外側に開くこともあります。もうからっぽですよ、という合図です。

※cf.　もう少し丁寧に言いたい場合は《Voilà tout ce que je voulais dire.＜ヴォワラ　トゥ　ス　ク　ジュ　ヴレ　ディール＞》
　　　「私が言いたかったことは以上です」

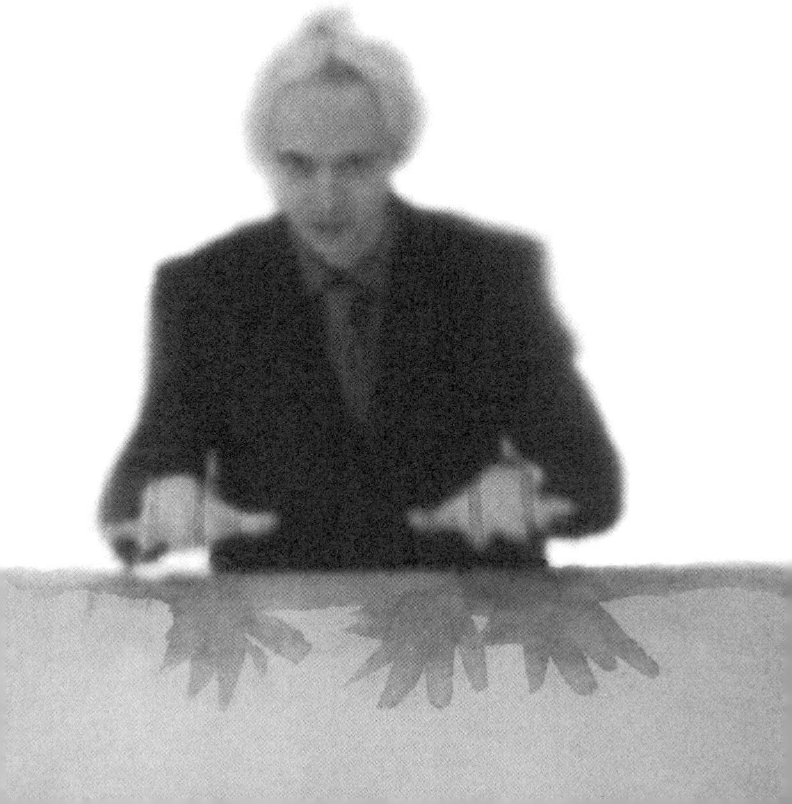

相手をなだめる／はやしたてるジェスチャー

Du calme !
デュ カルム

Doucement !
ドゥスマン

「落ち着いて」
「そっと、ね」

　興奮している相手を落ち着かせたいときには、片方または両方の下に向けて開いた手の平を上下に何度か動かします。「まぁまぁ落ち着いて」という感じに、相手の込み上げる怒りを押し込めるようにゆっくりと手ひらを動かしてください。親しい仲ならば片手を相手の体に触れてもいいでしょう。声が大きかったり激情している場合は《Doucement, doucement!》といいながらなだめましょう。

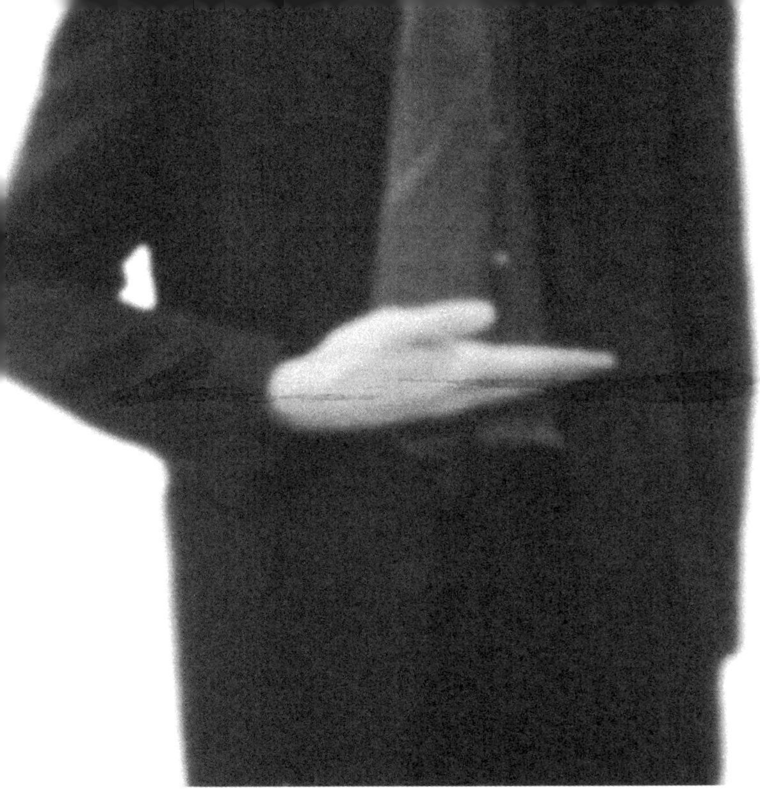

相手をなだめる／はやしたてるジェスチャー

Ceinture !
_{サンチュール}

「おあずけ」

　したいことができない、欲しいものを手に入れることができないなど、我慢しなくてはいけないときには、上に向けた手の平を腰のあたりで左から右に動かし、ベルトを締め直すような真似をします。

☆　se mettre la ceinture → ベルトを締める → 食べ物に不自由する、転じて、「我慢する (se priver)」という意味になります。

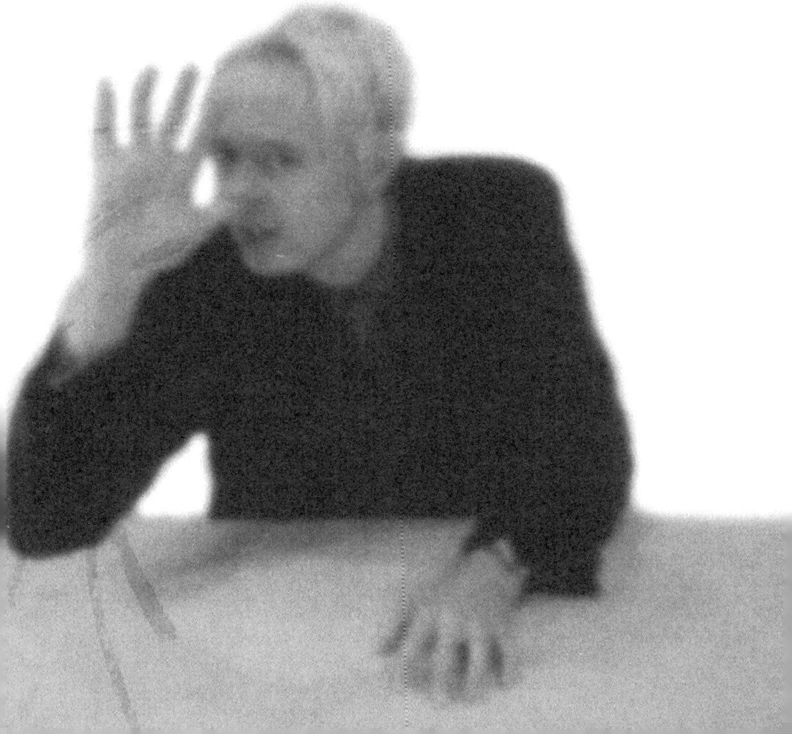

相手をなだめる／はやしたてるジェスチャー

1 **Na na nère !**
ナ ナ ネール

2 **C'est bien fait !**
セ ビヤン フェ

1 「やーい」
2 「ざまみろ」

　親指の先を鼻先につけ、伸ばした他の4本の指をひらひらさせて相手をはやします。ヨーロッパの各地で見られる子供向けジェスチャーです。このジェスチャーはun pied de nez (アン ピエ ド ネ)と呼ばれています。

☆　na =（擬音、間投詞）ねえ、ほら、やーい、…だってば、…だぞ（断定・否定を強調する）

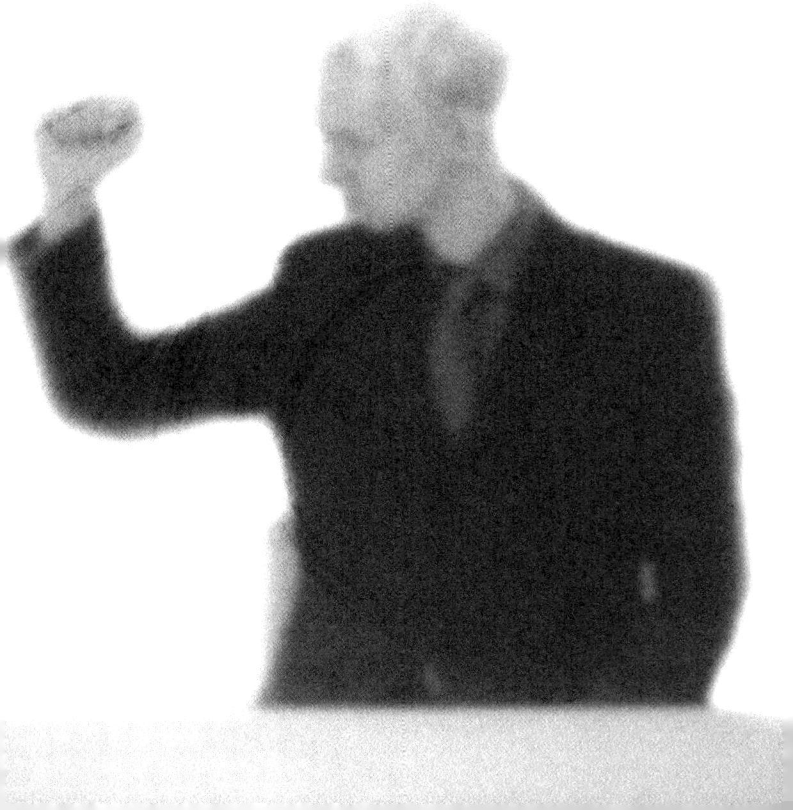

相手をなだめる／はやしたてるジェスチャー

Allez-y !
アレズィー

Vas-y !
ヴァズィー

「がんばれ」
「それ行け」

　相手を励ましたり、けしかけたりするとき、例えばスポーツの試合などで応援するときには、肘を曲げ腕を上げ、握りこぶしに力を入れて振ります。《Vas-y!, Du courage!》といいながら背中をポンと叩いてこのジェスチャーを見せれば、「大丈夫だよ、がんばれ」というような意味になります。

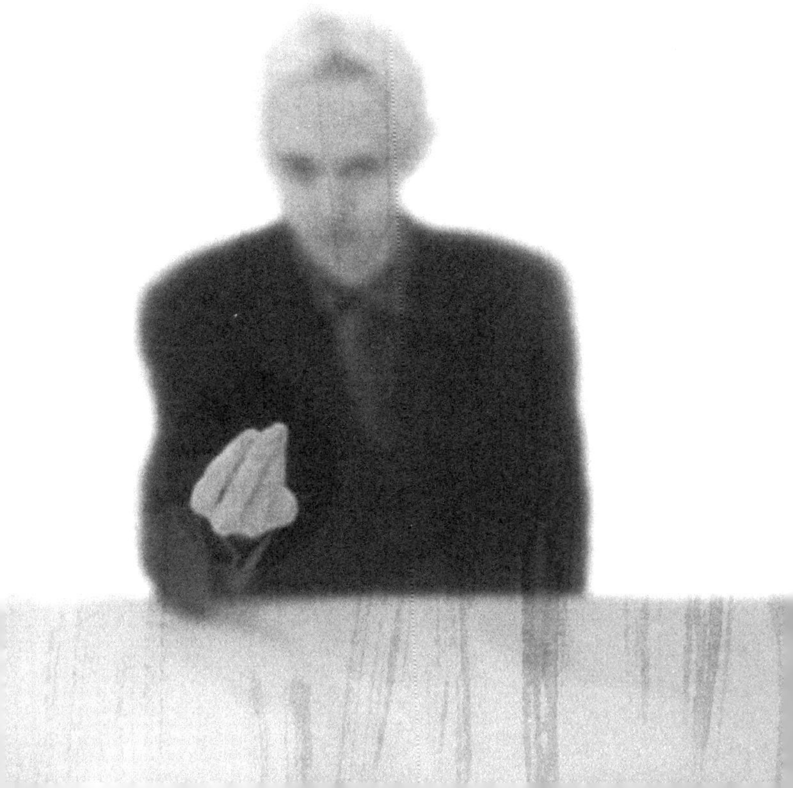

相手をなだめる／はやしたてるジェスチャー

---

1. J'ai eu peur !
   ジュ ウ プー

2. J'ai eu une de ces trouilles !
   ジュ ウ ユンヌ ドゥ セ トロィユ

3. T'as la pétoche ou quoi ?
   タ ラ ペトッシュ ウ コワ

1. 「こわかったよ」
2. 「こわいの？」
3. 「怖じけ付いた？」

　　おじけづいてびくびくしていること、恐ろしい思いをしたことを示すときには、手の平を上に向けて、軽くすぼめたり開いたりしてみせます。しばしば口をすぼめて「ピュー」と口笛を吹く場合もあります。

☆　avoir une de ces trouilles ＝とても恐ろしい思いをする
★　avoir la pétoche ＝怖がる

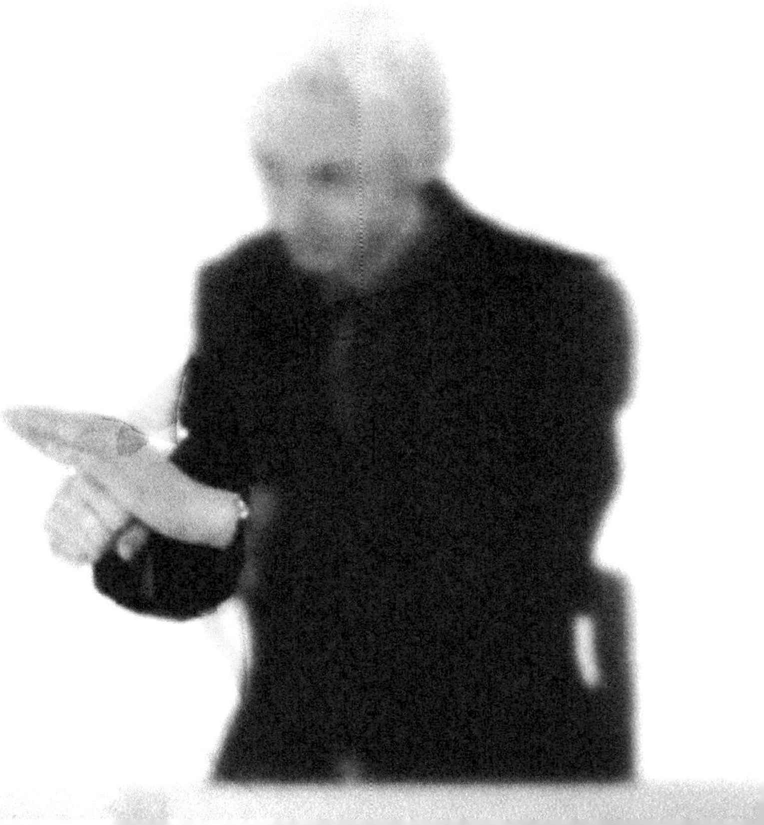

相手をなだめる／はやしたてるジェスチャー

Je t'ai bien eu !
ジュ テ ビヤン ウ

Tu t'es fait avoir !
チュ テ フェ アヴォワール

Dans le baba !
ダン ル ババ

「ひっかかったな！」
「だまされたね！」
「やられちゃったね」

　いっぱい食わされた人をからかうときには、軽く握ったこぶしの人差し指と親指でできる輪を、もう一方の手の平でポンと打ちます。

☆　baba（男性名詞）＝（話）あきれた（俗）尻

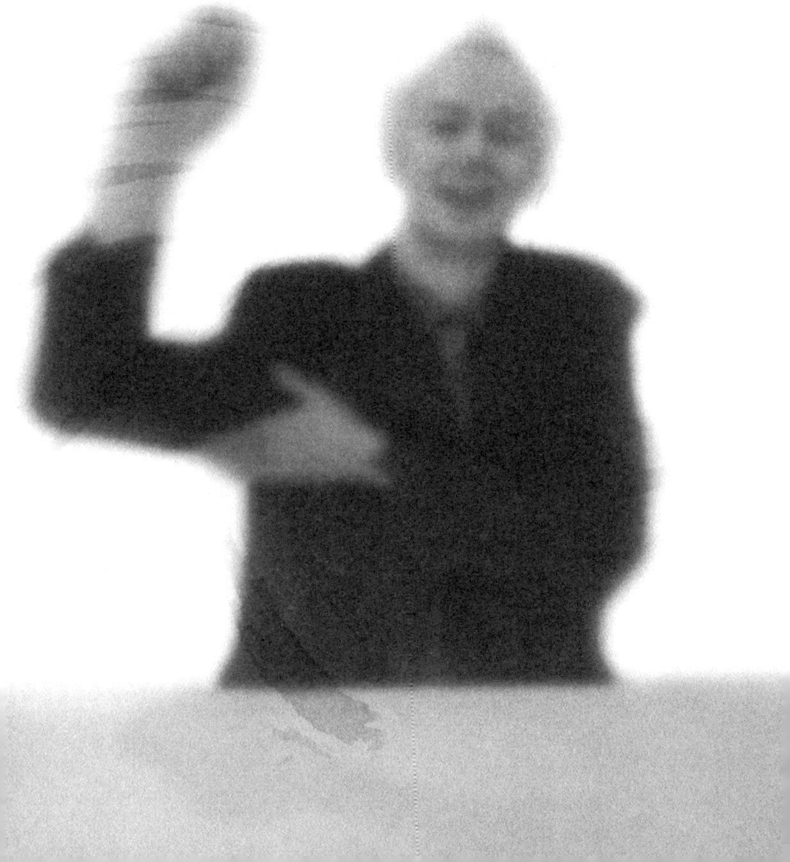

相手をなだめる／はやしたてるジェスチャー

Je ris, je ris.....
ジュリ ジュリ

「ああ、おもしろいね（皮肉で）」

つまらない洒落などに対し、シニックに「ああ、君の話は面白いね」と言いたいときには自らの脇のしたをくすぐるふりをしつつ《Je ris, je ris.....》と言いながら無理矢理笑顔を作ります。

☆ ris → rire = 笑う

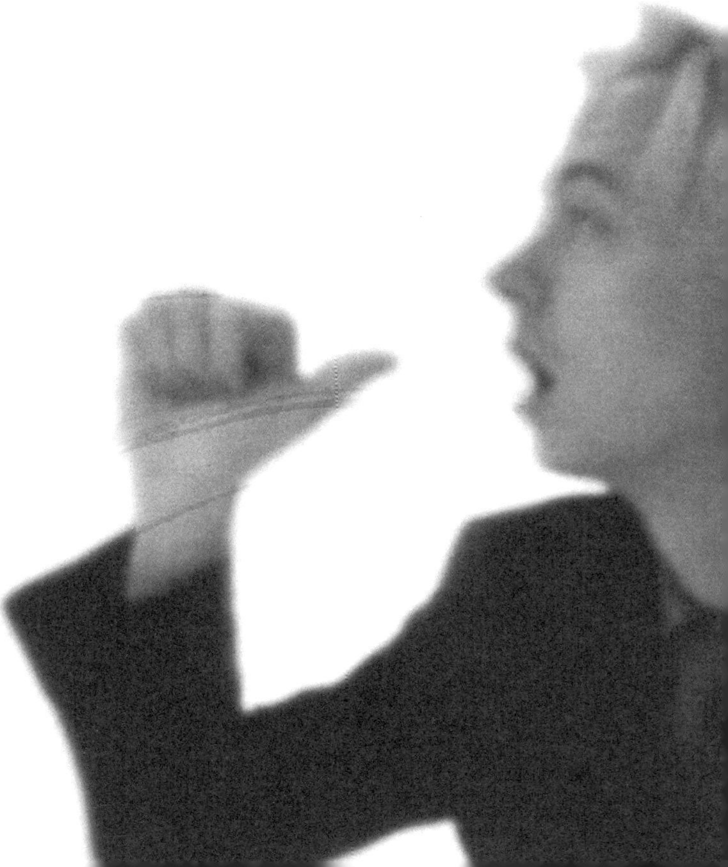

「あの人は〜である」ジャスチャー

1. **Il boit.**
   イル ボワ

2. **Il picole.**
   イル ピコル

3. **A boire !**
   ア ボワール

1.2 「彼は酒を結構飲んでいる」
3 「一杯飲む？」

　酒びたりになっている人、大酒を飲んでいる人を示すときには、親指だけを伸ばした手を、口に何度か近づけたり離したりします（このジェスチャーは、ワインボトルの形だと言われています）。一度だけ大きく近付けると「一杯飲む？」という勧誘になります。

☆　picoler = boire plus que de raison「大酒を飲む」

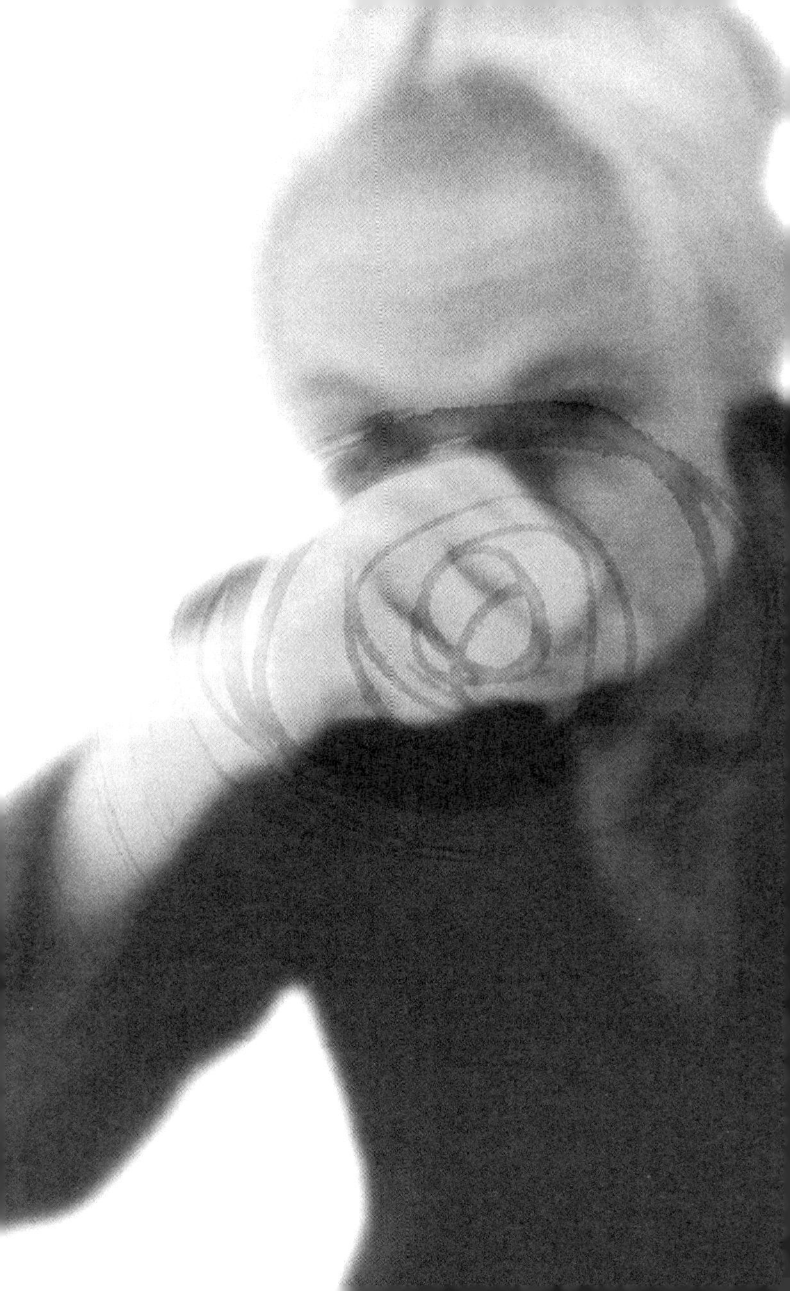

「あの人は〜である」ジェスチャー

1. **Complètement bourré !**
   コンプレットマン　ブレ

2. **Il est soûl comme un Polonais.**
   イレ　ス　コム　アン　ポロネ

1. 「完全にできあがっちゃっているよ」
2. 「彼は泥酔している」

　　酔っぱらっている人を示すには、鼻の近くで、握りこぶしを下に向けてくるりとひねります。このとき、目は大きく見開いておどけてみせます。

☆　bourré = soûl, saoûl「酔っぱらった」
☆　être soûl comme un Polonais = ポーランド人のように酔っぱらっている →「泥酔している」という意味のエスニックジョークです。

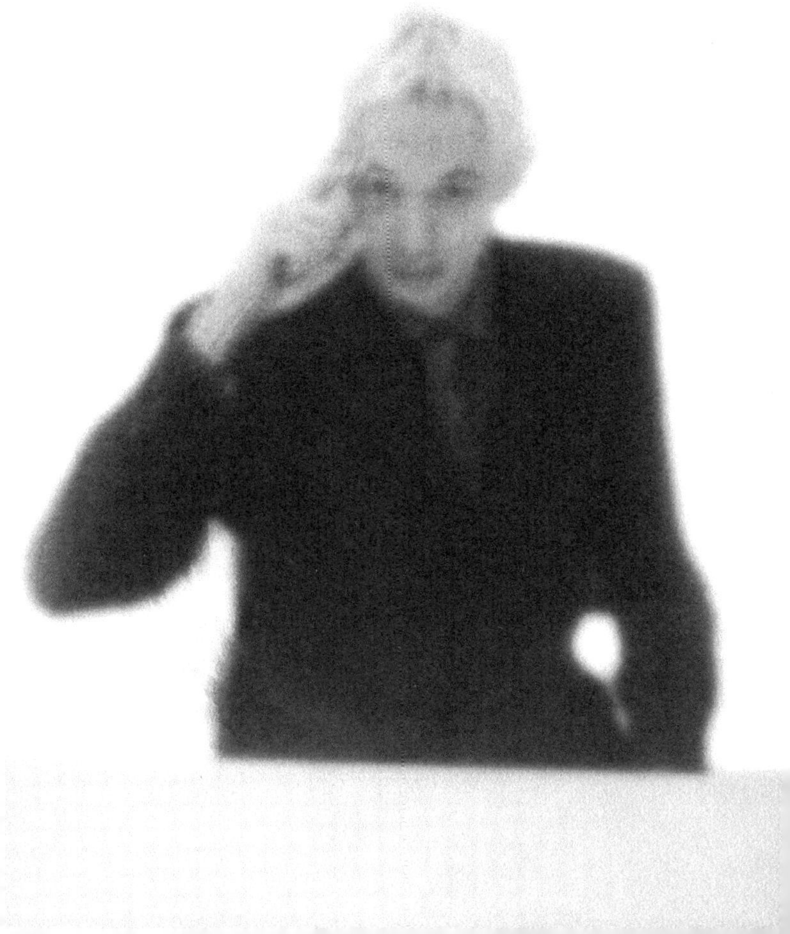

「あの人は〜である」ジャスチャー

Ça va pas, non !
サ ヴァ パ ノン

Ça va pas, la tête !
サ ヴァ パ ラ テート

「頭おかしいんじゃないの？」

⚠️

　頭がおかしい、ちょっと気でも狂っているのではないかと非難したり軽蔑したりするときには、人さし指の先でこめかみのあたりで軽く2〜3度つつきます。

☆　Ça va pas, la tête! = Tu es fou!, Tu es folle!, Il est fou!, Elle est folle !（対話相手にも、第三者にも使えます）

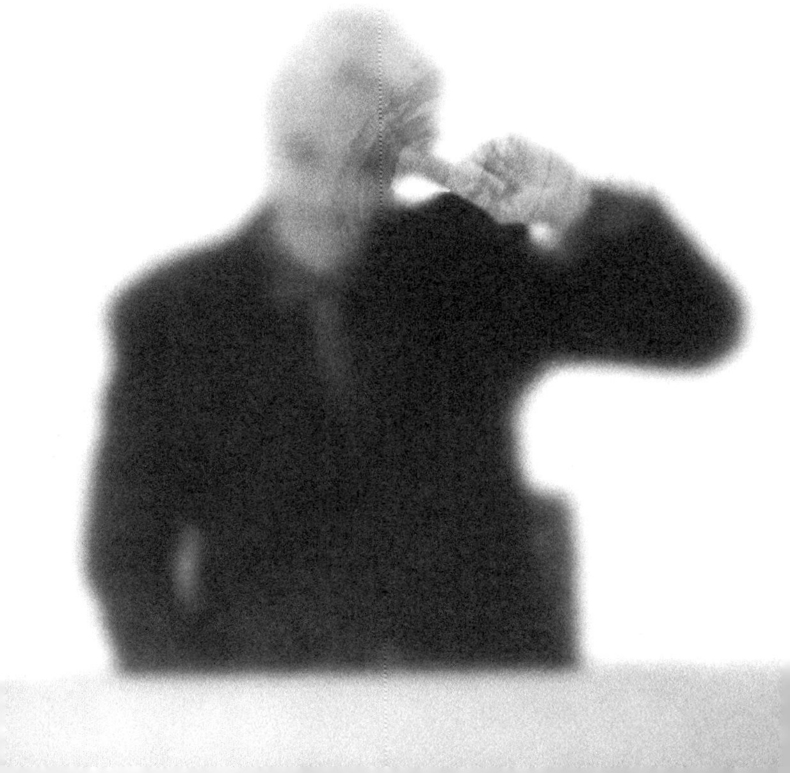

「あの人は〜である」ジャスチャー

1. # Complètement dingue !
   コンプレートマン　ダング

2. # T'es complètement fou !
   テ　コンプレートマン　フ

3. # T'es complètement folle !
   テ　コンプレートマン　フォル

1. 「完全にいかれているね」
2. 「君は完全にいかれているね」（男性の場合）
3. 「君は完全にいかれているね」（女性の場合）

⚠️

　人差し指の先をこめかみのあたりにあて、頭にねじを巻くように左右に手首をぐるぐる回します。前頁のこめかみをつつくジェスチャーよりも一段といかれている様子を表します。

☆　（話）dingue ＝ 頭のいかれた、気がへんな

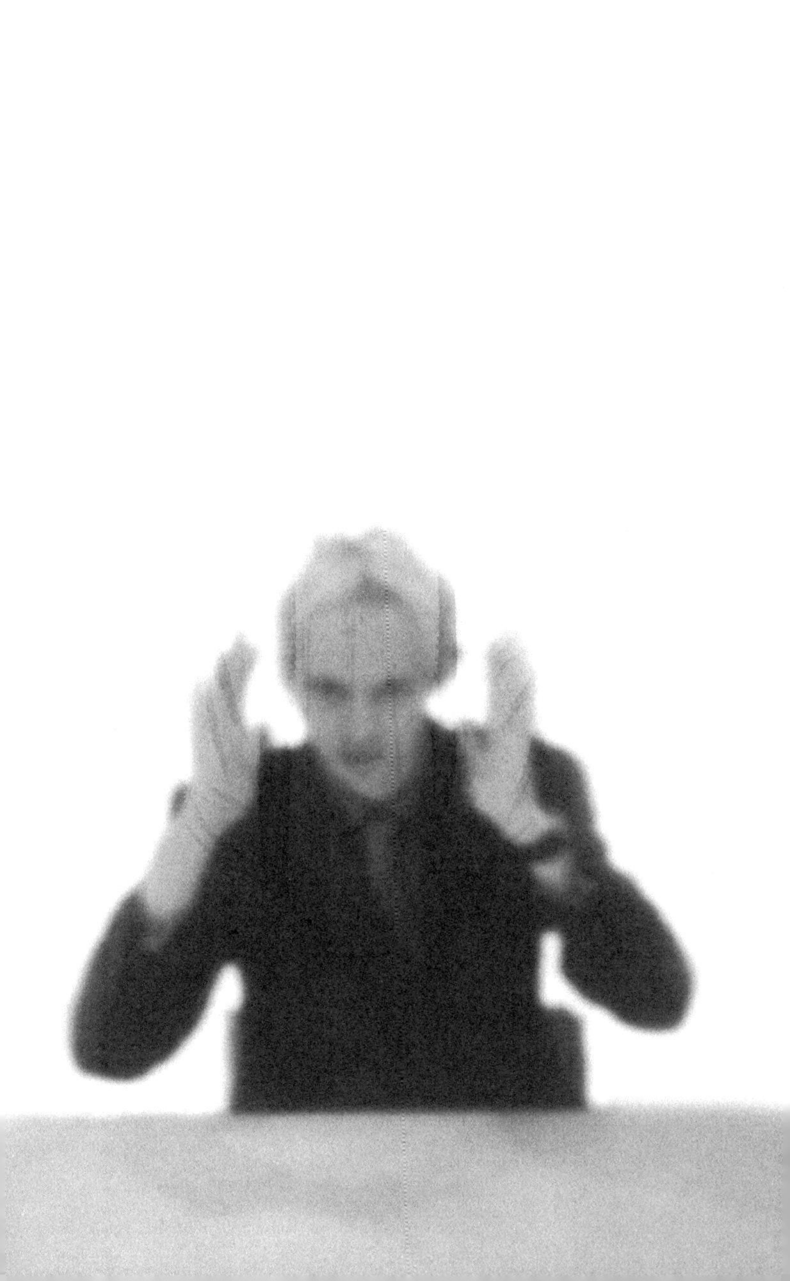

「あの人は〜である」ジャスチャー

1. **Il est borné.**
   イレ ボルネ

2. **Elle a l'esprit étroit.**
   エラ レスプリ エトワ

1. 「彼は了見が狭い」
2. 「彼女は頑固だ」

　視野が狭くものわかりの悪い人、オープンマインドではない人を軽蔑、非難する時には、上に向けて開いた両手を目の高さのところで、2、3度前後させます。

☆　esprit borné ＝ 偏狭な精神

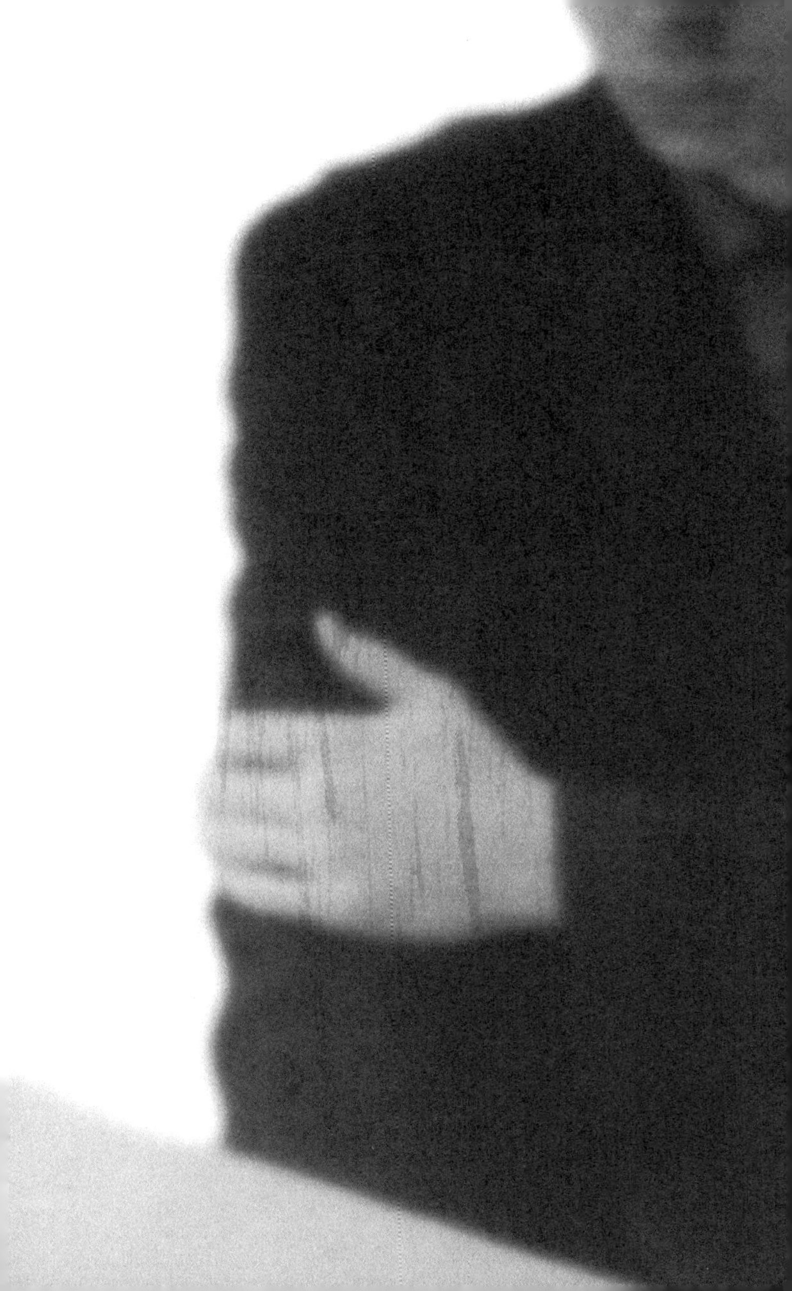

「あの人は〜である」ジェスチャー

Il lui passe une sacrée pommade.
イル パッス ユヌ サクレ ポマード

「あいつはごまをすっている」

　第三者がごまをすっていることを示すには、話し相手の腕や肩、あるいは自分の手を四本の指の腹でなでます。

☆　passer la pommade a quelq'un = 人にゴマをする
★　Il flatte son supérieur. = 「彼は上司にへつらっているよ」

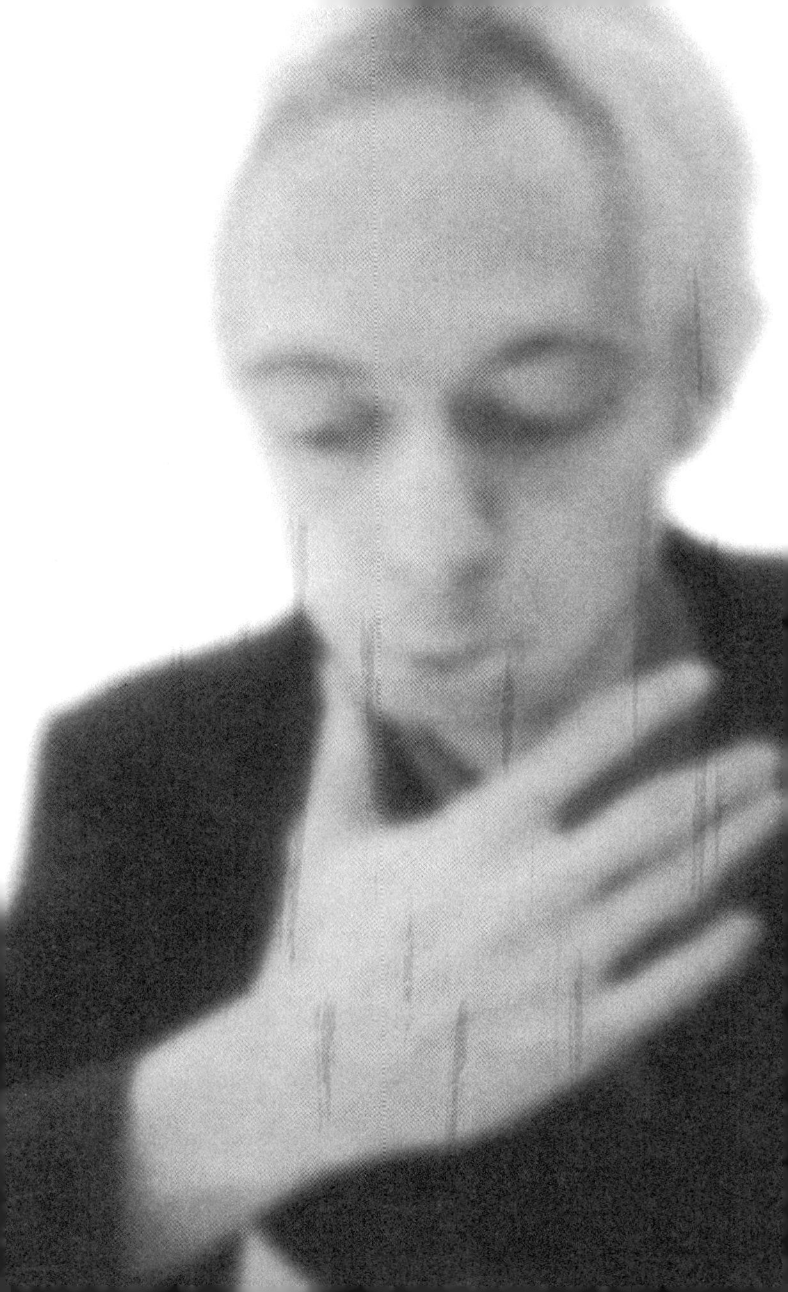

「あの人は〜である」ジャスチャー

Il faisait une gueule comme ça !
イル フゼ ユヌ グール コム サ

「あの人はあまりいい顔はしなかったよ」

　ある人が悔しくてふくれ面をしたり、不機嫌で変な顔をしていたことを示すには、口をへの字にまげ、顔の方に向けて開いた手の平を目のあたりからあごのあたりまでおろします。

☆　gueule =(話) 顔、面、ふくれ面

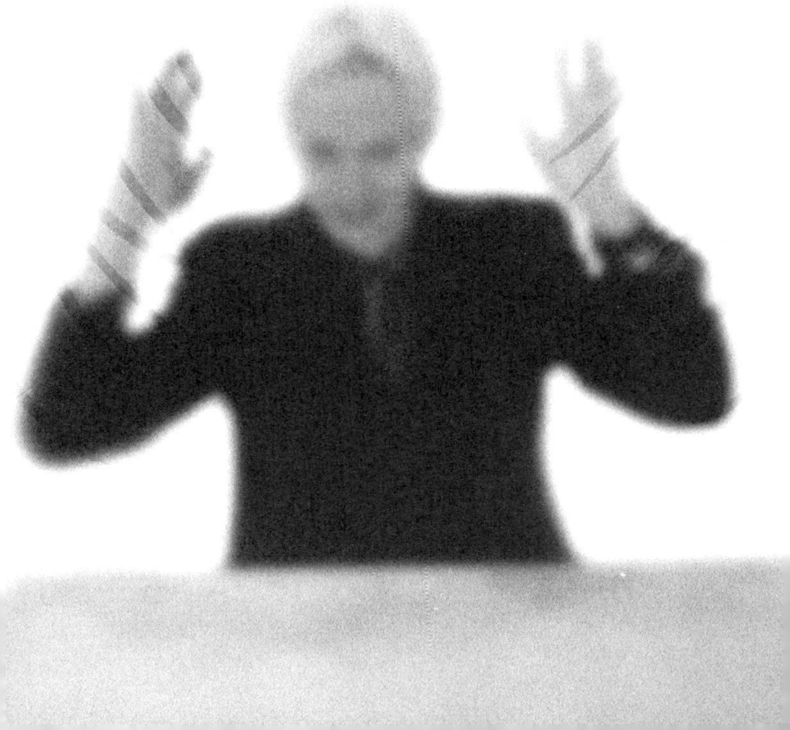

「あの人は〜である」ジャスチャー

Il a la grosse tête.
イラ ラ グロッス テット

「あの人はあたまでっかちだ」
「あのひとは自惚れ屋さんだ」

　人が思い上がっていること、あたまでっかちな様子を示すには、頭の両わきに両方の手をもってきて、外側に少し動かします。このジェスチャーは、賢さを示すこともあります。顔の表情や、声色、話の流れなどでどちらかは判断できるでしょう。

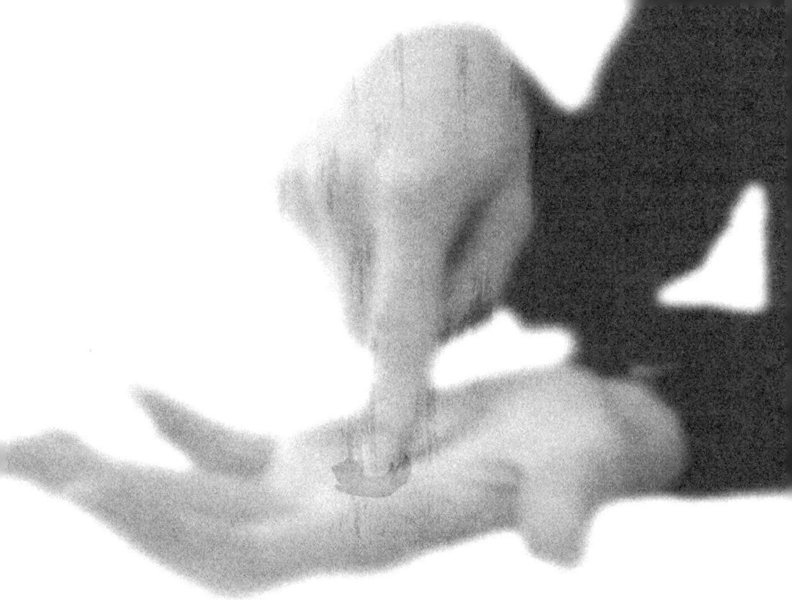

「あの人は〜である」ジェスチャー

Il a un poil dans la main.
イラ アン ポワル ダン ラ マン

「彼は怠け者だ」

　怠けていて何もしない人を非難するときには、上に向けて開いた手の平のまん中を、もう一方の手の人さし指で軽く叩きます。

- ★ Tu n'as pas un poil dans la main, par hasard ?
  （おまえはどうしようもない怠け者だよ）。
- ☆ poil＝体毛（髪 cheveu、まつ毛 cil、まゆ毛 sourcil 以外を指す）

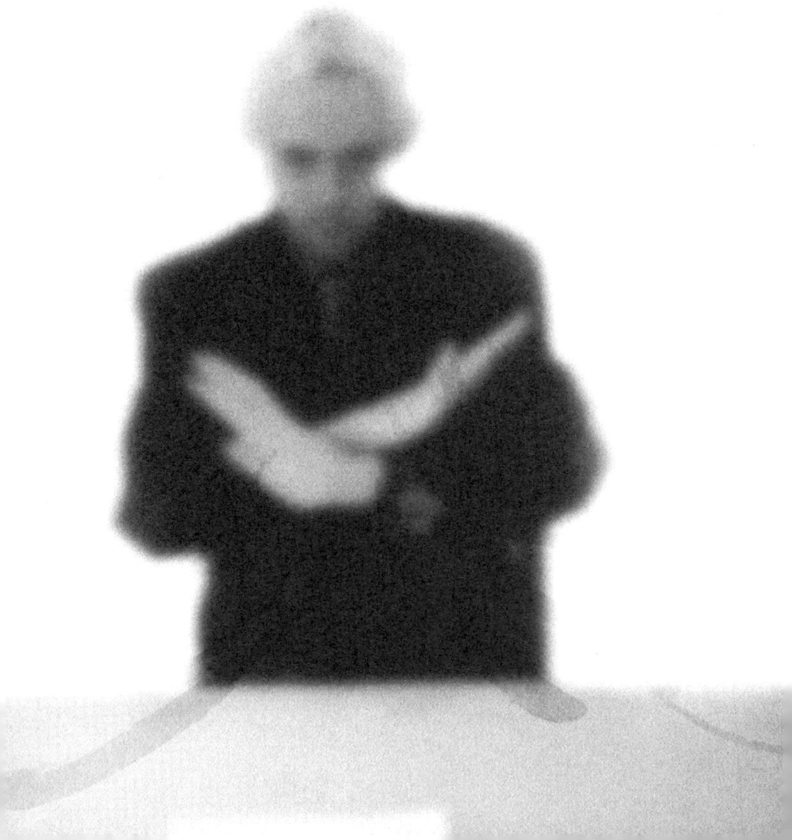

程度を表すジェスチャー

Non, pas du tout.
ノン パ デュ トゥ

Jamais !
ジャメ

Absolument pas !
アブソリュマン パ

Pas question !
パ クエスチョン

「いいえ、全然」

「いいや絶対にだめだ」

「とんでもない」

　きっぱりと否定するときや断るときには、手の平を下に向け、胸の前で交差させた両手を左右に振りおろします。または人さし指を左右に振ることもあります。

※cf.　106ページ参照「終わりだよ」というジェスト《Terminé!》《Fini!》と多少似ています。

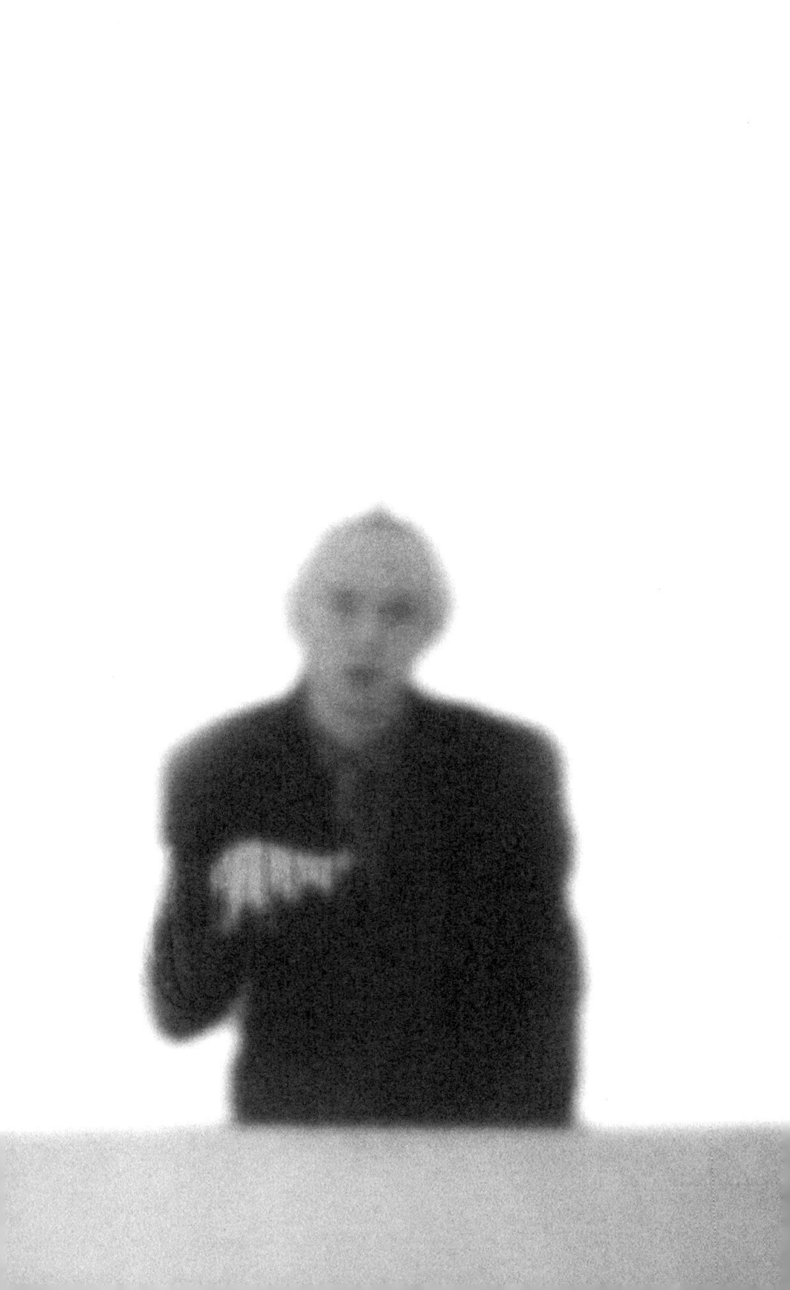

程度を表すジェスチャー

1. **Comme ci comme ça.**
   コムシ コムサ
2. **Couci-couça.**
   クシ クサ
3. **Tout juste.**
   トゥ ジュスト
4. **Ni bon, ni mauvais.**
   ニ ボン ニ モヴェ

1.2 「まあまあだよ」
3 「ぎりぎりだよ」
4 「よくも悪くもないね」

　特によいとも悪いとも言えないとき、あるいは「ぎりぎり」「すれすれ」であることを示すときには、口をこわばらしつつ、指を伸ばした手の平を下に向けて右に左に数回手首をブラブラさせます。また、頭を左右にいくどか振ることもあります。

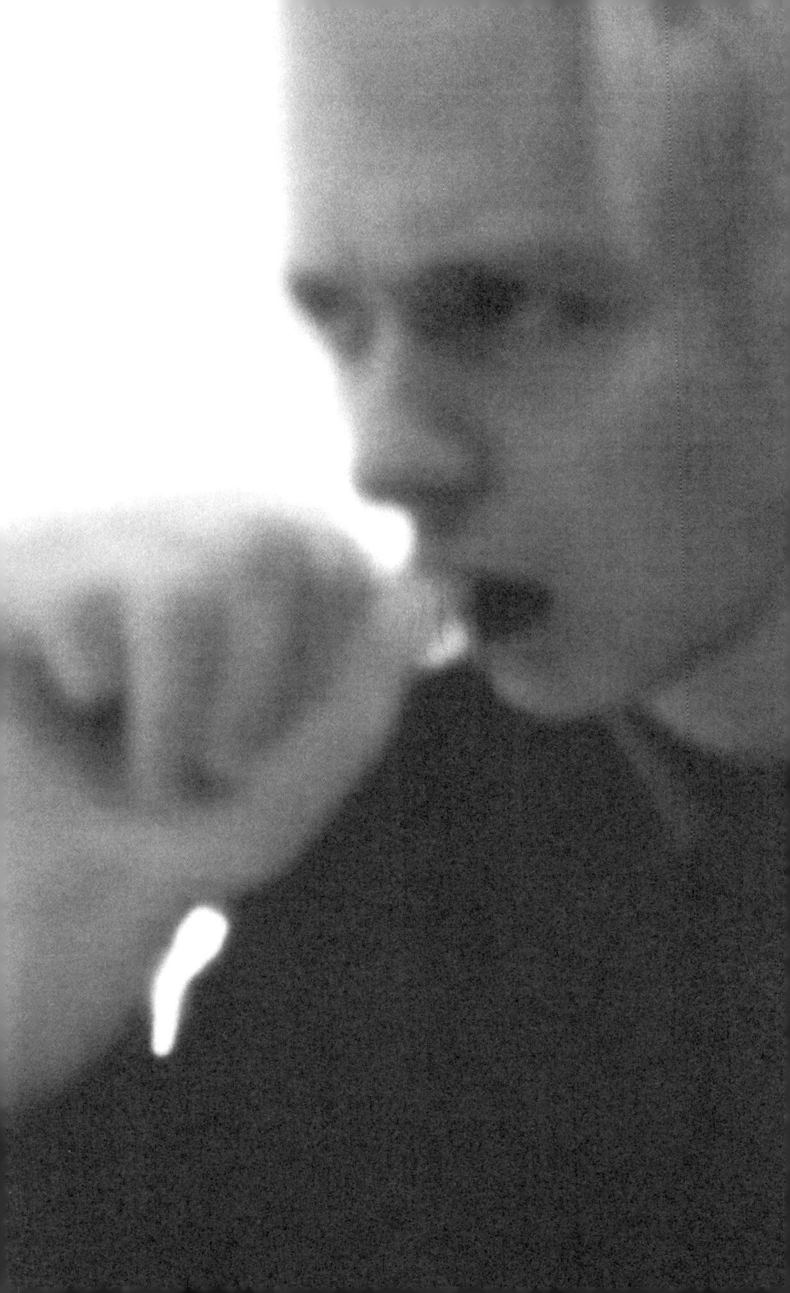

程度を表すジェスチャー

Que dalle !
ク　ダル

Tu n'auras rien.
テュ　ナオラ　リヤン

「全然」

「びた一文あげないよ」

　「全然…ない」と強い否定を示すときには、上の歯の先に、親指の爪をつけてはじきます。《Je ne dis plus rien.》「もう何も言わないよ」ということを示す場合もあります。

☆　(俗) Que dalle = rien 何も〜ない

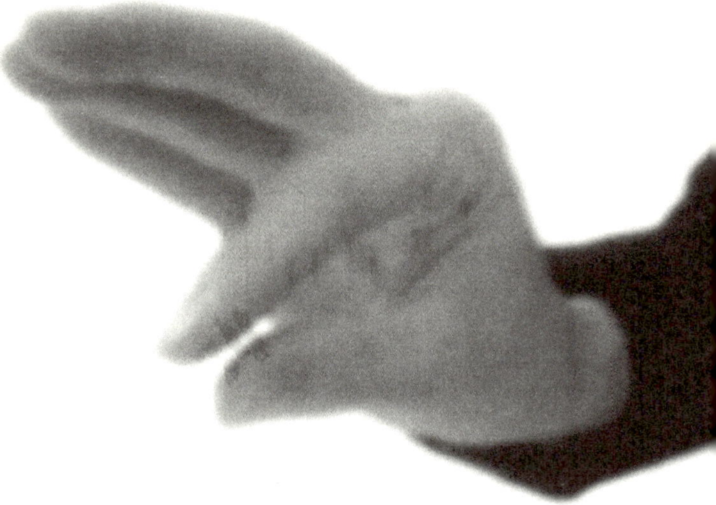

程度を表すジェスチャー

Un tout petit peu.
アン トゥ プティ プ

juste un chouia.
ジュスト アン シュイア

「ほんの少しだけ」
「ちょっぴり」

　量、程度が少しであること、大きさが小さいこと、厚さが薄いことを示すには、伸ばした親指と人さし指を接近させます。

☆ （俗）chouïa = chouille 少し

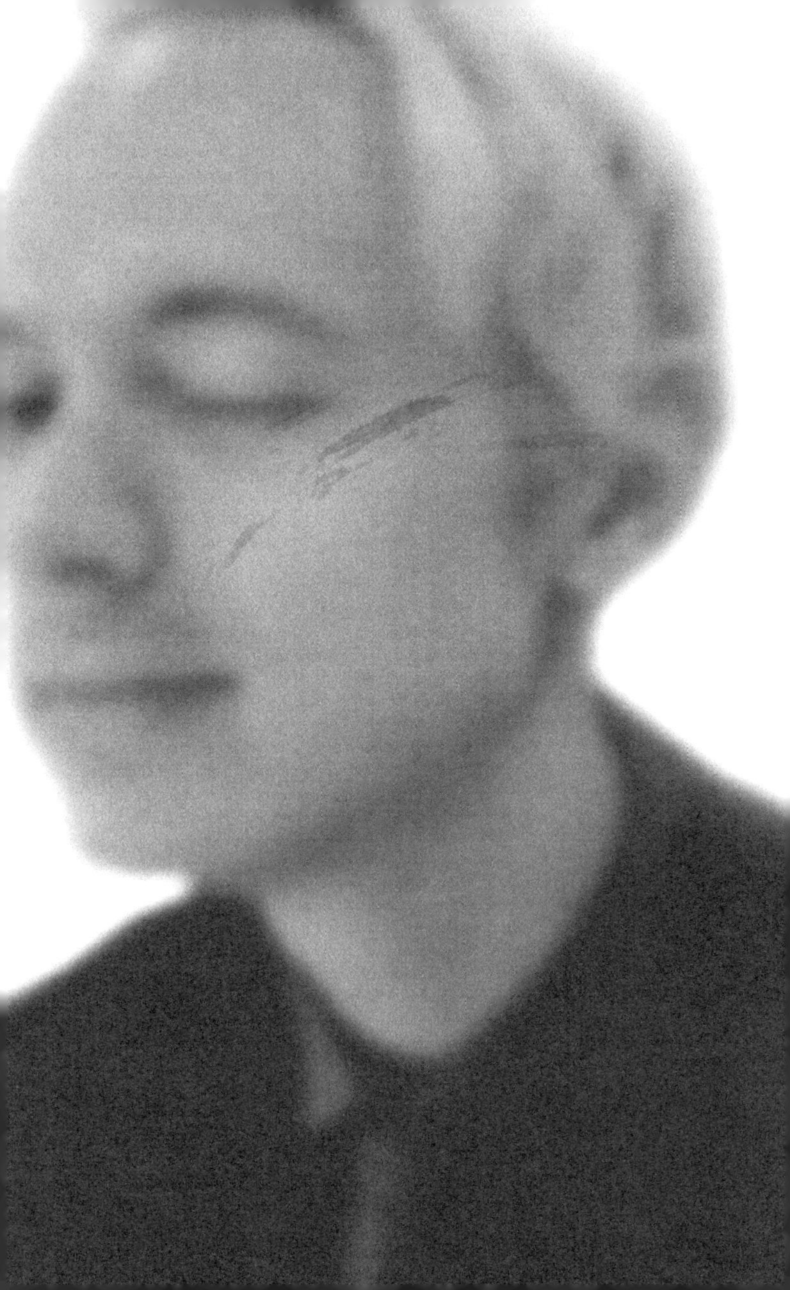

日本でも見られるジェスチャー

1. # D'accord ?
   ダッコー

2. # OK ?
   オケ

3. # Compris ?
   コンプリ

1.2 「いいかい？」
3 「わかったね」

　相手の了解をひそかに求めたり、意思の一致を確かめるときには、ウインクを します。

☆　ウインク = clin d'oeil
☆　暗黙の了解 = complicité

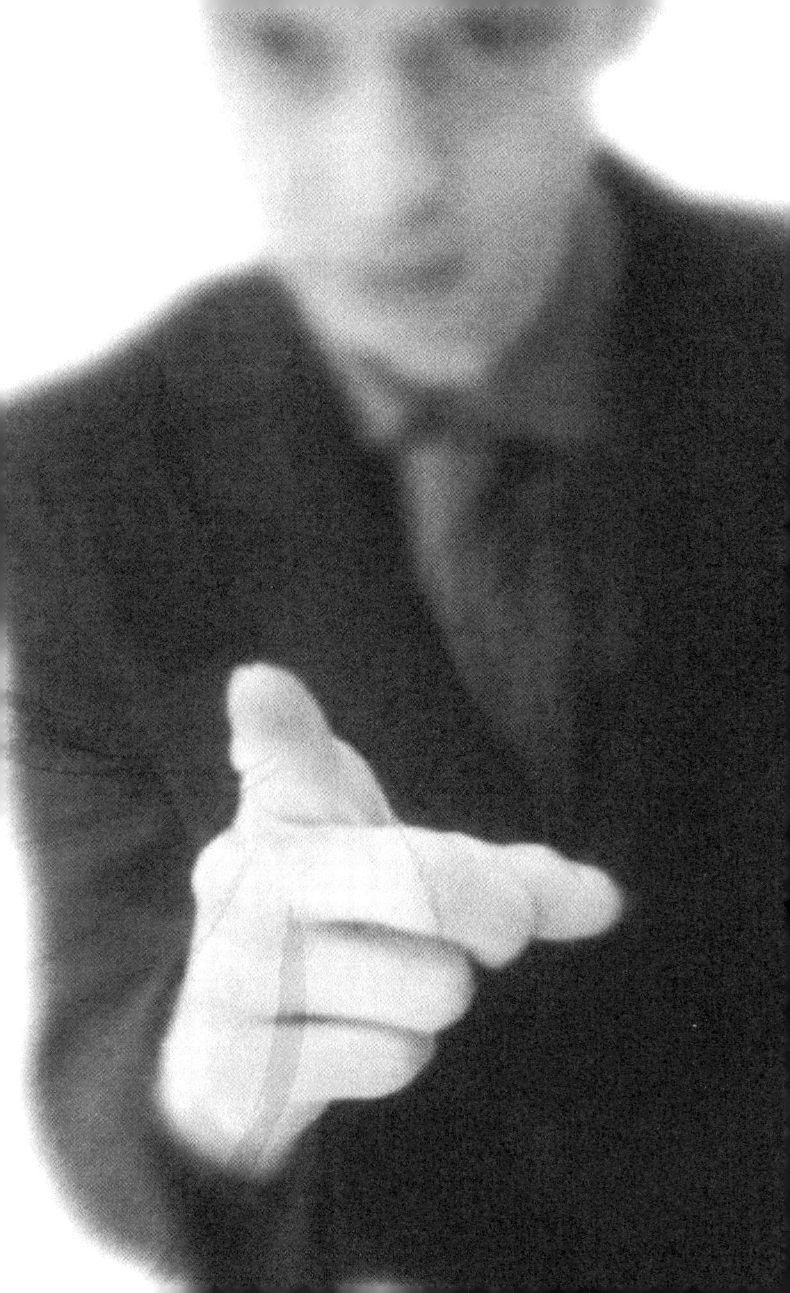

日本でも見られるジェスチャー

1. **Ecoute-moi bien !**
   エクト モワ ビヤン

2. **Attention !**
   アタンシォン

3. **Mefie-toi !**
   メフィ トワ

4. **Ne recommence plus !**
   ヌ コマンス プリュ

1. 「よく聞きなさい」
2. 「気をつけて」
3. 「気をつけなさい」
4. 「もうしてはだめだよ」

　　自分の言うことをよく聞いて欲しいとき、相手に注意を促すときには、垂直に伸ばした人さし指を相手に向けて2、3回振ります。

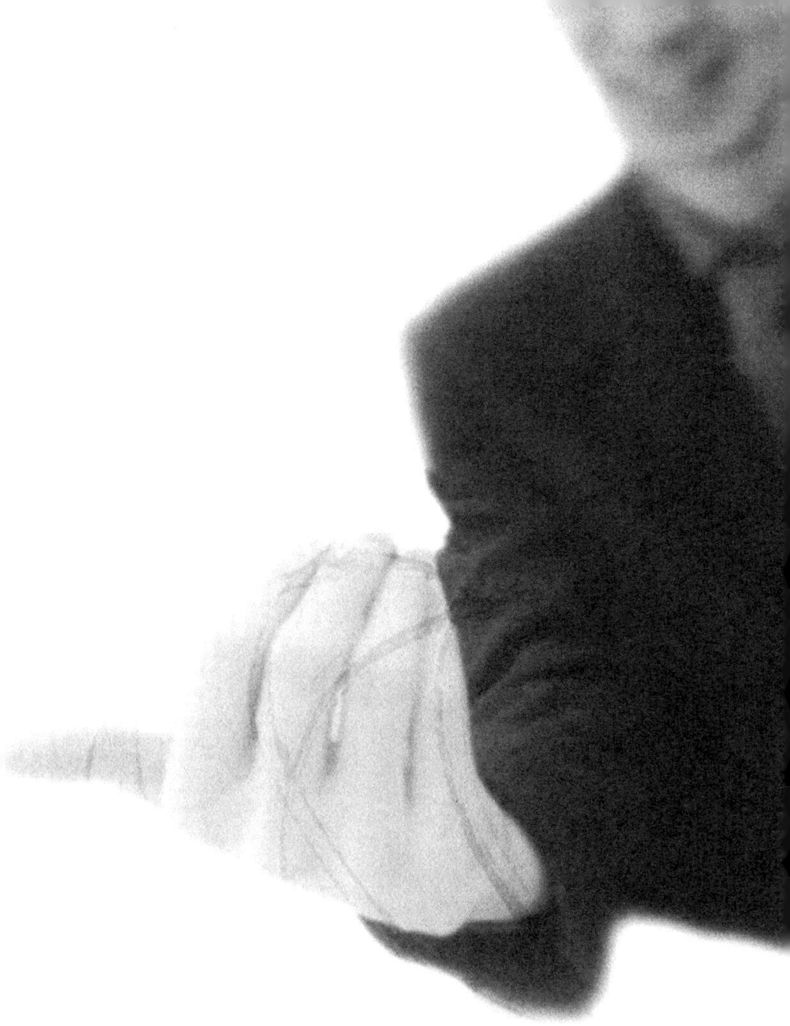

日本でも見られるジェスチャー

1. # Viens ici !
   ヴィヤン イスィ

2. # Approche-toi.
   アプロッシュ トワ

3. # Approche un peu.
   アプロッシュ アン プ

1.「こちらへ来なさい」
2.3「もっと近づいて」

　相手を自分の方に来させたいときには、上に向けて開いた手全体、あるいは伸ばした人さし指を2、3度自分の方へ動かします。

★　Viens voir!「見に来て」
※cf.　108ページのジェスチャーと比較してみてください。

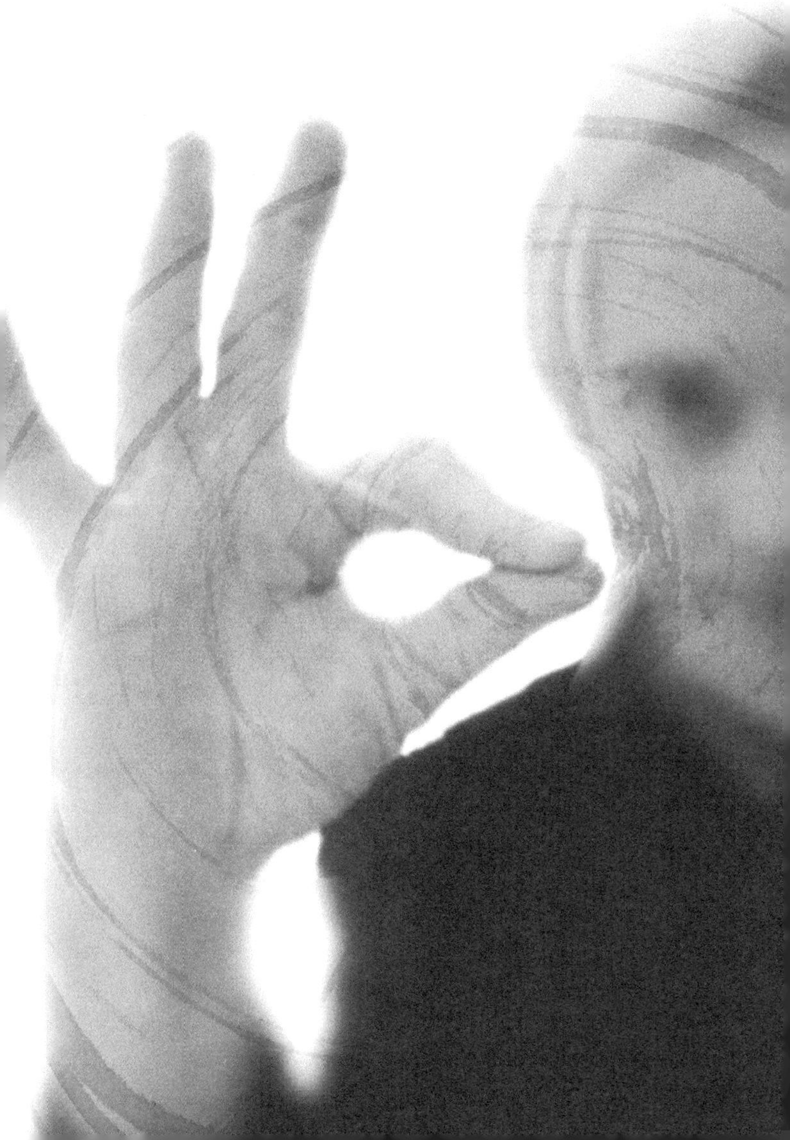

混同しやすいジェスチャー

Impec !
アンペック

Parfait !
パッフェ

「申し分ないね！」
「完璧だ！」

　人や物の品質が完璧で申し分ないこと、物ごとが順調なことを示すには、親指と人さし指の腹を合わせます。ゼロとは似ていますが、多少違います。円ではなく、人さし指に力を入れるところに注意してください。

※cf.　8ページのジェスチャーと比較してみてください。

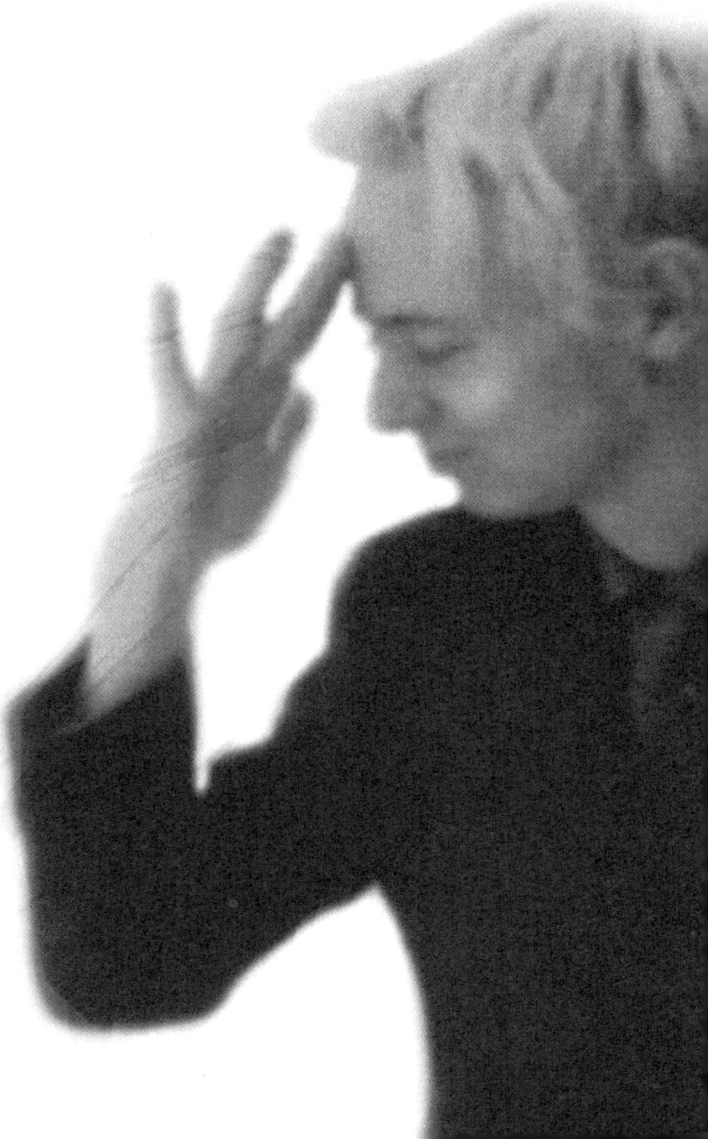

混同しやすいジェスチャー

Ça m'échappe.
サ メシャップ

J'ai oublié.
ジェ ウブリエ

Je ne m'en souviens plus.
ジュ ヌ マン スーヴィヤン プリュ

「忘れてしまった」

　度忘れしてしまったときには、指の先や手の平で軽く額にふれ、すぐにぱっと離します。

※cf.　74ページのジェスチャーや、112ページのジェスチャーと比較してみてください。

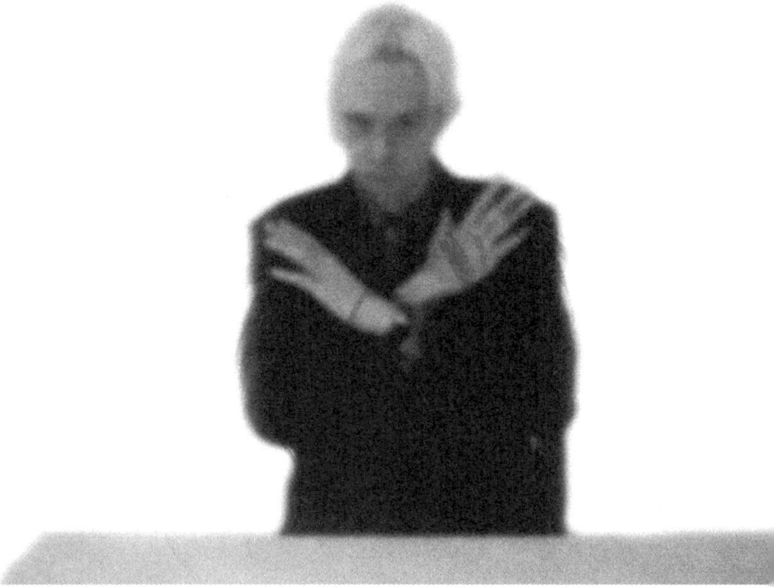

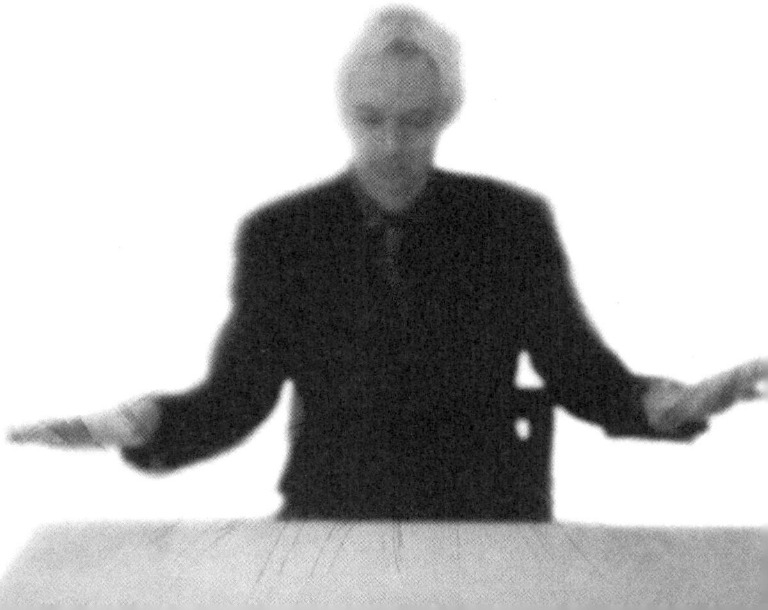

混同しやすいジェスチャー

Terminé !
テルミネ

Fini !
フィニ

「終わりだよ」

　なにかが終わったこと示すには、胸の前で交差させた両手を左右に振りおろします。お店が閉店したときや、品物がすべて売り切れてしまったとき、店員さんはよくこのジェスチャーをしてみせます。また映画館やバスなどが満員で客を断る際にも、見られます。

※cf.　88ページのジェスチャーと似ています。比較してみてください。

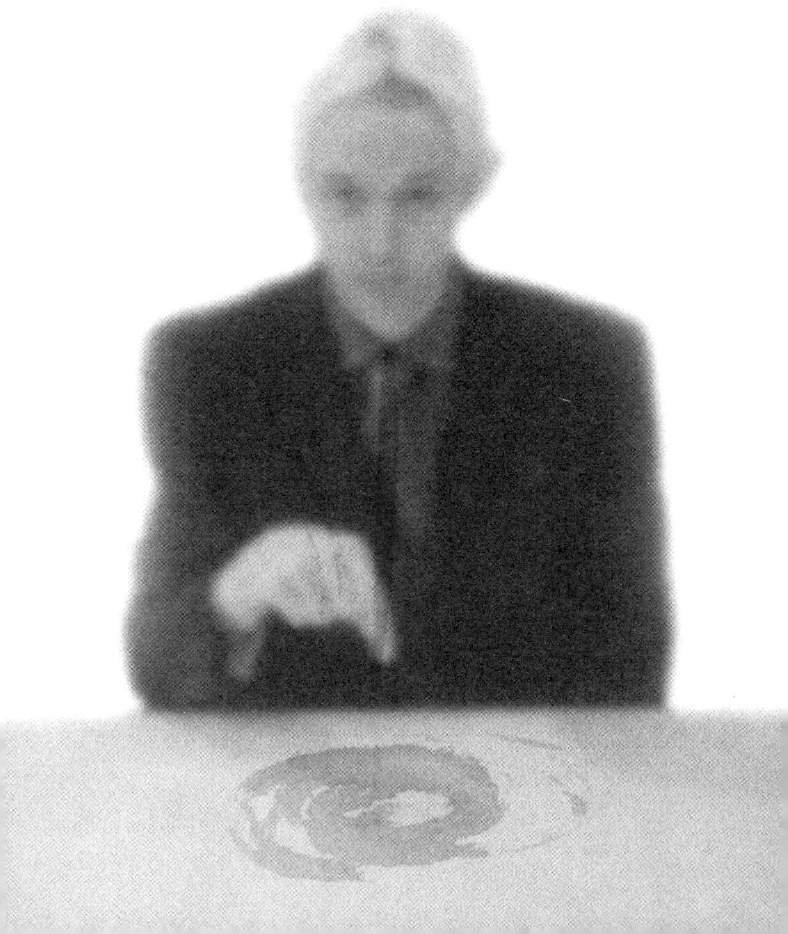

混同しやすいジェスチャー

1. **Ici !**
   イスィ

2. **Viens ici !**
   ヴィヤン イスィ

3. **Aux pieds !**
   オ ピエ

1.2 「ここにおいで」
3 「おいで」（動物にのみ使用）

⚠

　犬などに対してそばに来ることを命ずるときには、伸ばした人さし指を下に向け、キーボードを叩くような感じで何度か小刻みに上下させます。子供に対して用いられることもありますが、目下の者に対する動作なので気をつけて使って下さい。

※cf.　100ページのジェスチャーと比較してみてください。

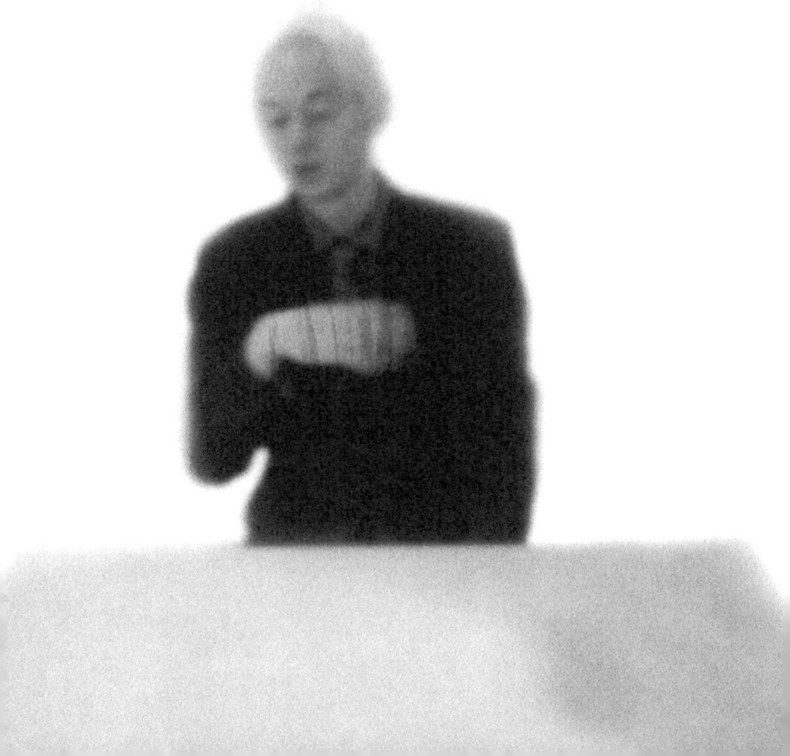

感嘆符的ジェスチャー

Oh là là...
オ ラ ラ

「あらら」
「いやはや」

　予期していなかったことに接してしまったとき、物ごとが上手くいかない場合などには、自分の体の方に向けた手の平を手首を中心に上下に何度も振ります。

★　Oh là là! Quelle histoire!（あらあら、何とてことなの！）

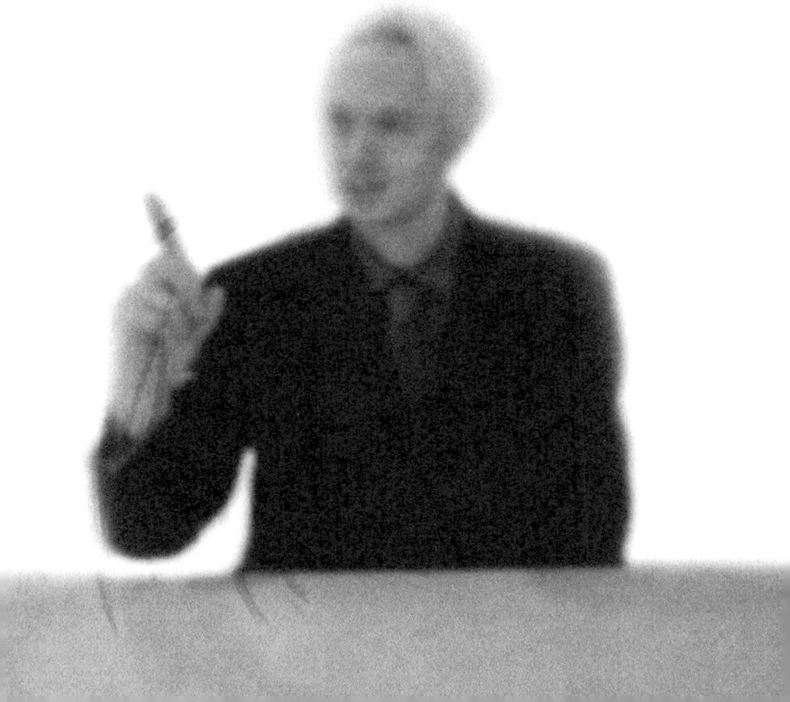

感嘆符的ジェスチャー

1. # Ça y est !
   サイエ

2. # J'y suis.
   ジィスィ

3. # Mais oui, c'est ça.
   メ ウィ セッサ

1.2 「わかった！」
3 「ああ、そうだった」

　　今までわからなかったことが突然理解できたり、急に名案がうかんだことを示したいときには、人さし指の指先で軽く額にふれ、すぐにぱっと離します。

※cf.　104ページのジェスチャーと比較してみてください。

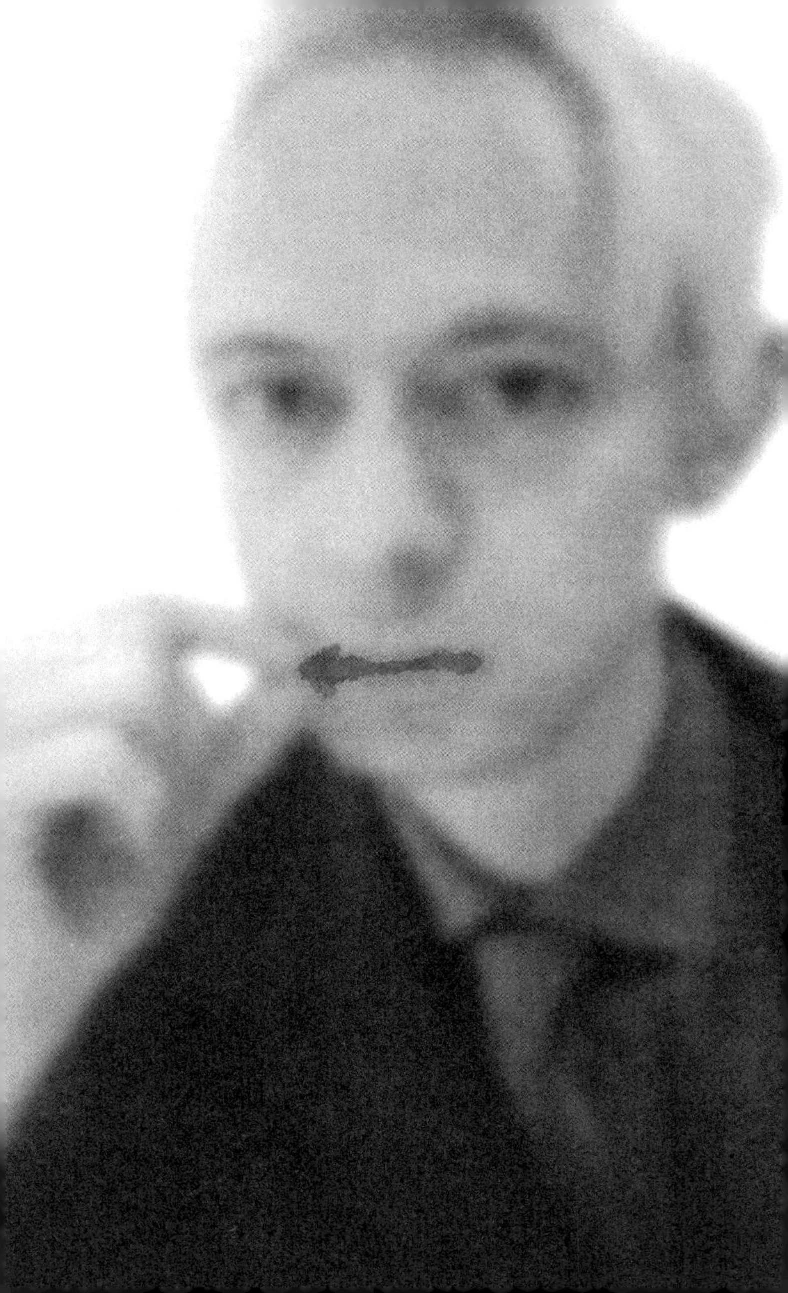

口に関するジェスチャー

1 # Bouche cousue!
ブッシュ クジュ

2 # Je ne dirai rien.
ジュ ヌ ディレ リヤン

1 「他言無用だよ」
2 「何も、誰にも言わないよ」

　なにも言わない（あるいは言わなかった）ことを示すには、口にチャックをするように、親指と人さし指を唇の前で動かします。

☆　rester bouche cousue ＝ 秘密を守る

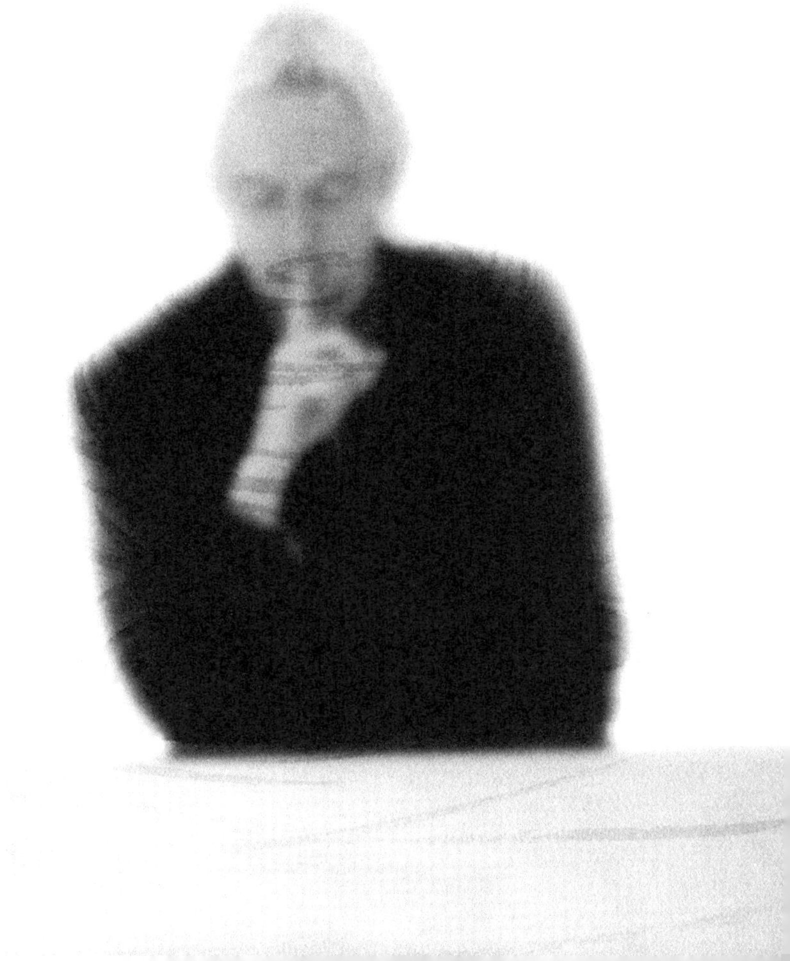

口に関するジェスチャー

Chut !
シュット

Silence !
シランス

「静かに！」
「静粛に！」

　口に人さし指を押し付け、《Chut!（シュット）》と言うと、静かにしてほしいことを意味します。映画館などで頻繁に聞こえてくるフレーズです。

★　Chut ! On nous entendrait.（静かに。人に聞こえてしまうよ）。

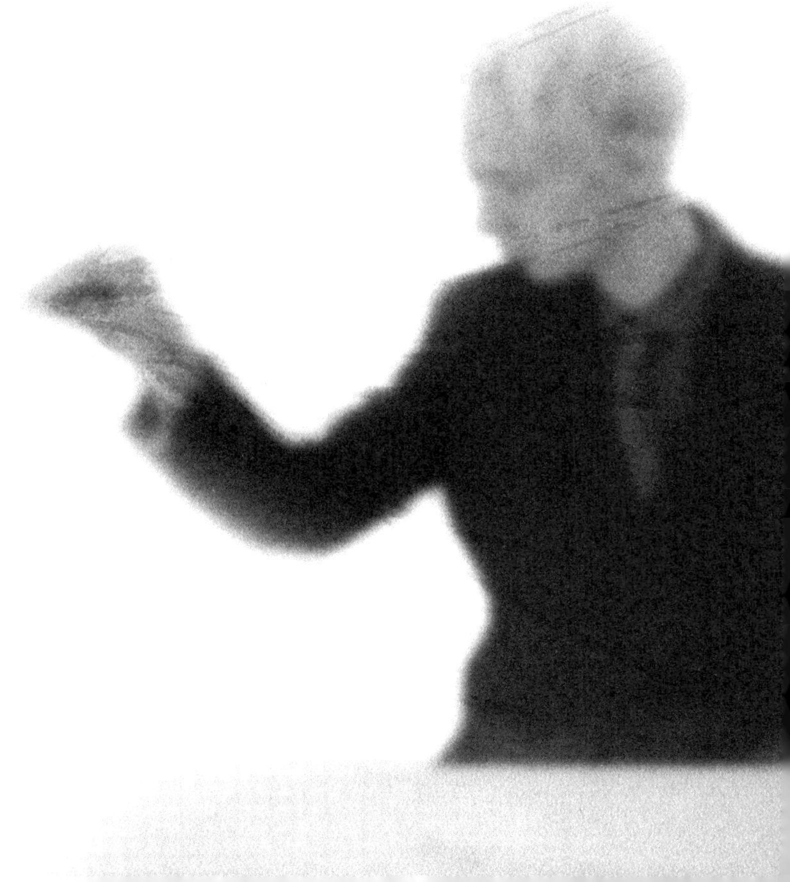

口に関するジェスチャー

La ferme !
ラ フェルム

Tais-toi !
テトワ

Camembert !
カマンベール

「黙れよ」
「シャラップ！」

　小指から人さし指を上に、親指だけを下にして鳥のくちばしのような形を作り、上のフレーズを叫びます。《Chut!（シュット）》「静かに！」よりも一段ときつい言い方です。相手を強制的に黙らせたいときに使う手段です。

☆　La ferme!は、 fermer la gueule「口を閉じる」の省略形。

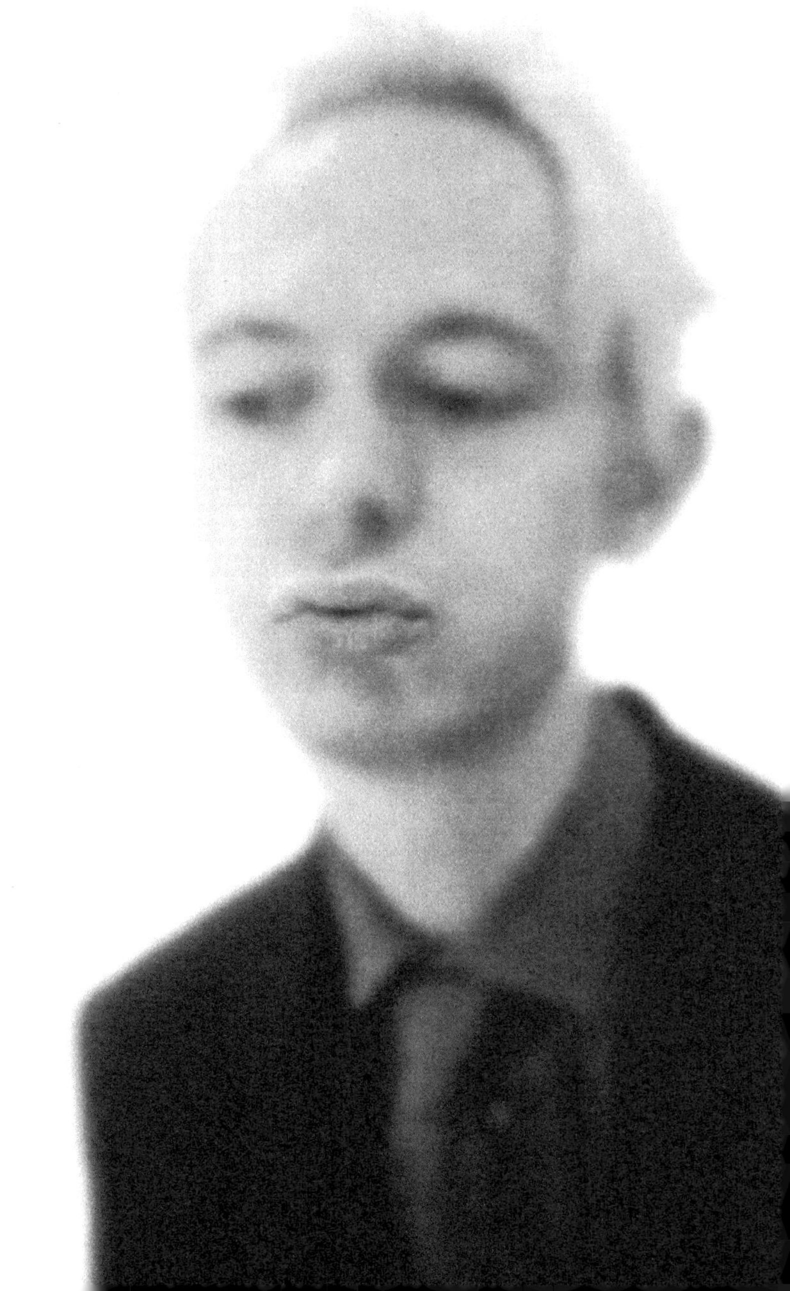

口に関するジェスチャー

「知ったことか」
「さあね」
「見当もつかない」
「たいしたことはないよ」

　おちょぼ口を思いきり前に突き出すジェスチャー。眉毛をあげ、目を軽く閉じ（あるいは大きく開き）、ときによっては首を軽くかしげ、「プッ」という破裂音のオノマトペを伴ったりします。ためらい、拒絶、退屈を表します。日本人からみると子供っぽいしぐさに見えますが、子供から年配の方まで幅広く使われています。

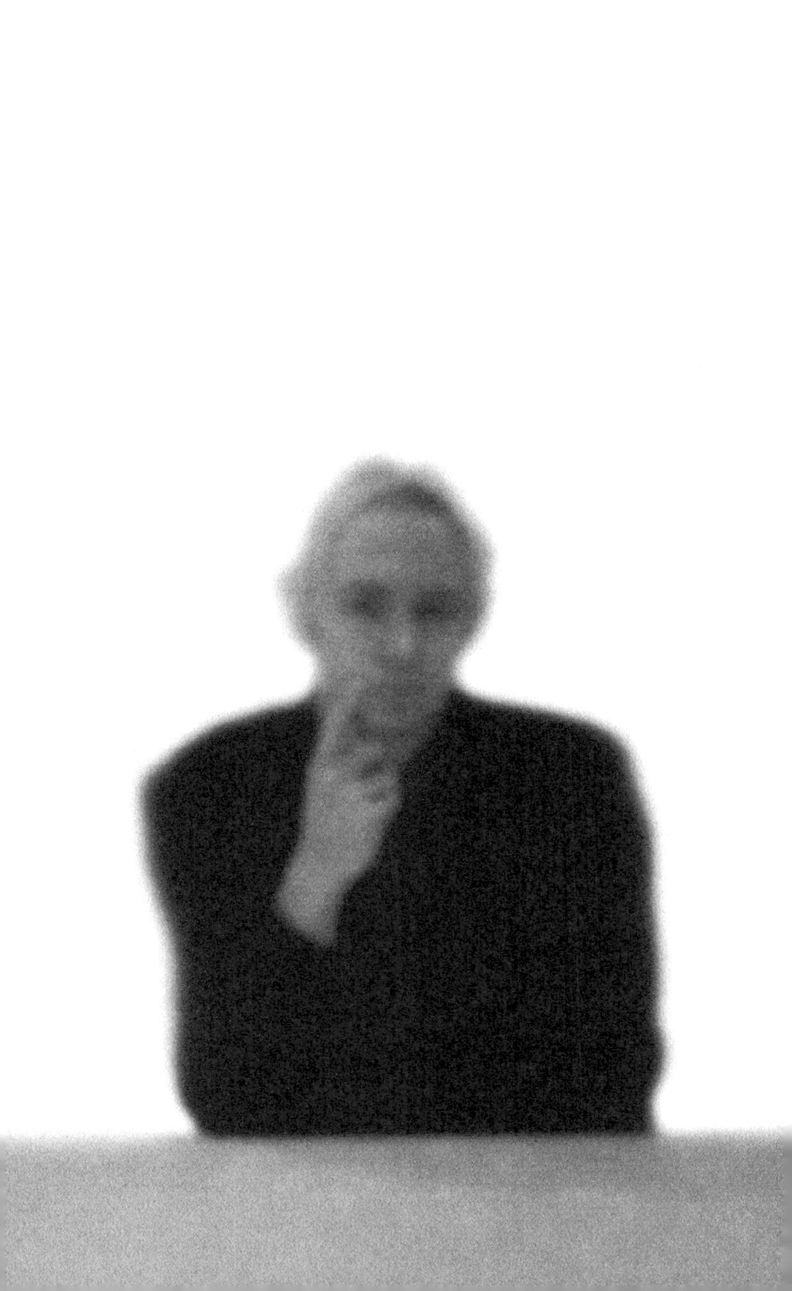

その他のジェスチャー

C'est pipeau.
セ ピポ

「ほらだ」
「嘘だ」

　自分の口のすぐ横を人さし指で何度かつつきます。pipauは、「牧笛」「鳥笛」、すなわち習わなくても誰でも吹ける簡単な楽器を意味します。調子がいいことばかりを並べる人の口から出る怪しい言葉はpipauかもしれませんね。

★　C'est pipeau, ton histoire.（君の話はでたらめだ）。

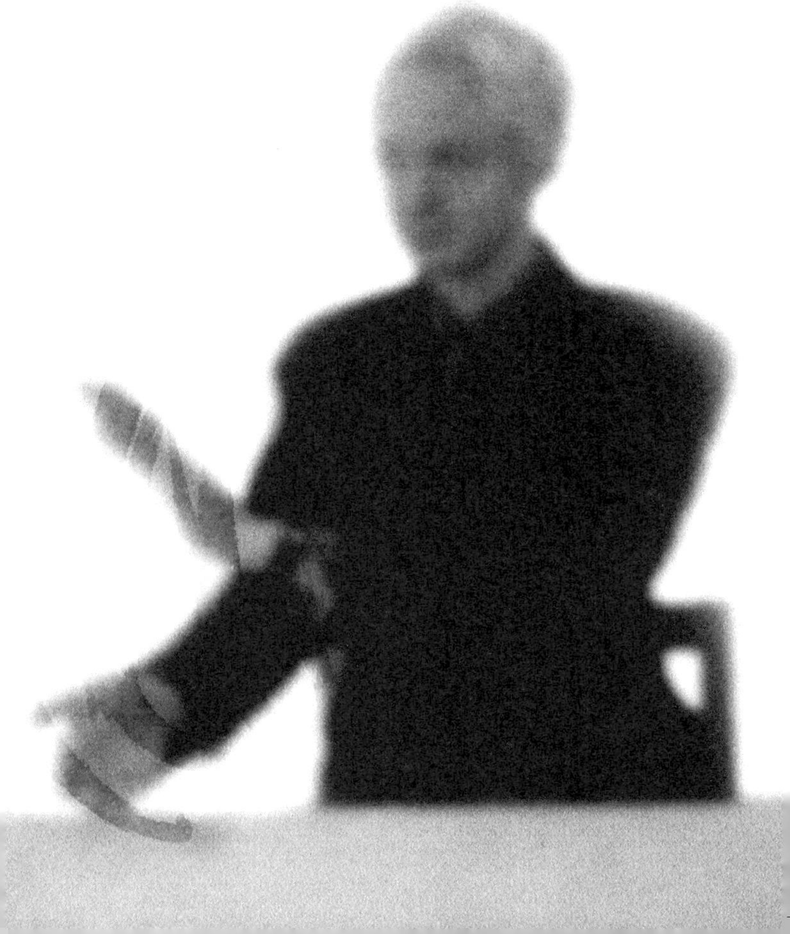

口に関するジェスチャー

Ça ne me regarde pas.
サ ヌ ム ルギャルド バ

Ce ne sont pas mes affaires.
ス ヌ ソン バ メザフェール

「私には関係ないよ」

責任をもつのがいやで手を引きたいとき、物ごとを片付けたいときには、両方の手を合わせて手を払い合いように洗うまねをします。

★ Faites comme vous voulez. Je m'en lave les mains.
(好きなようにしてください，私は手をひきます)。

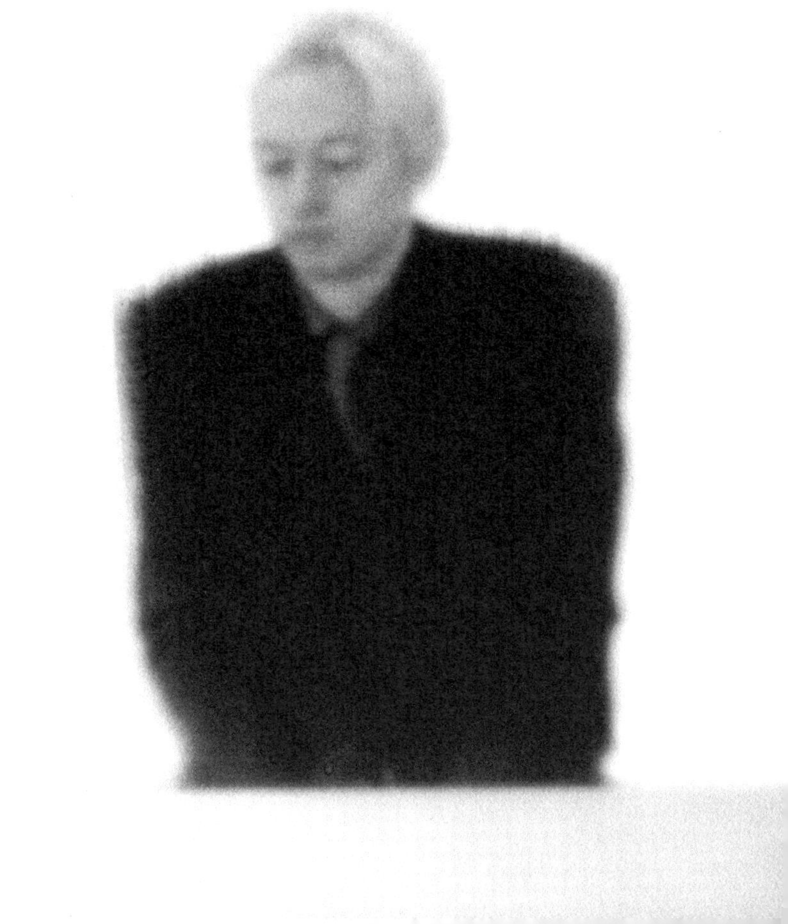

その他のジェスチャー

Bof !
ボッフ

「知らないよ」

「ノーコメントだ」

「さあね」

　割とインターナショナルな"肩すくめのジェスチャー"ですが、フランス人は、イタリア人ほどオーヴァーに肩や腕を挙げて表現しません。肩だけをきもち少しあげ、眉毛を釣り上げ、口をへの字に曲げながら、首を軽くかしげ「ボッフ」という言葉と共にこのジェスチャーをするのがフランス式です。

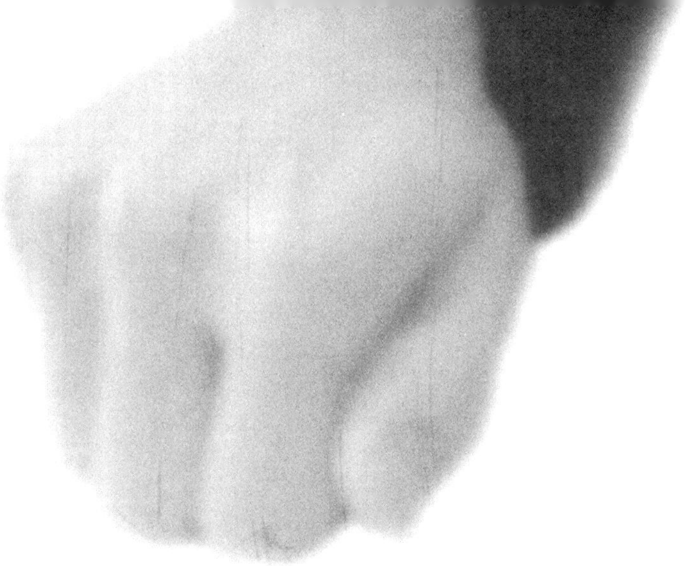

その他のジェスチャー

Touchons du bois !
トゥション デュ ボワ

「くわばら、くわばら（木に触りましょう）」

　不幸な話を聞いた時などに自分の身にふりかかってこないようにする厄除けのおまじないで、身近にある木でできている物にさわります。ゴルゴダで亡くなったキリストに対する畏敬からきた縁起かつぎだとか、もっと昔にさかのぼるアニミズム（精霊崇拝）の名残りだとか伝えられています。木でできている物がないときには、頭にさわることもあります。

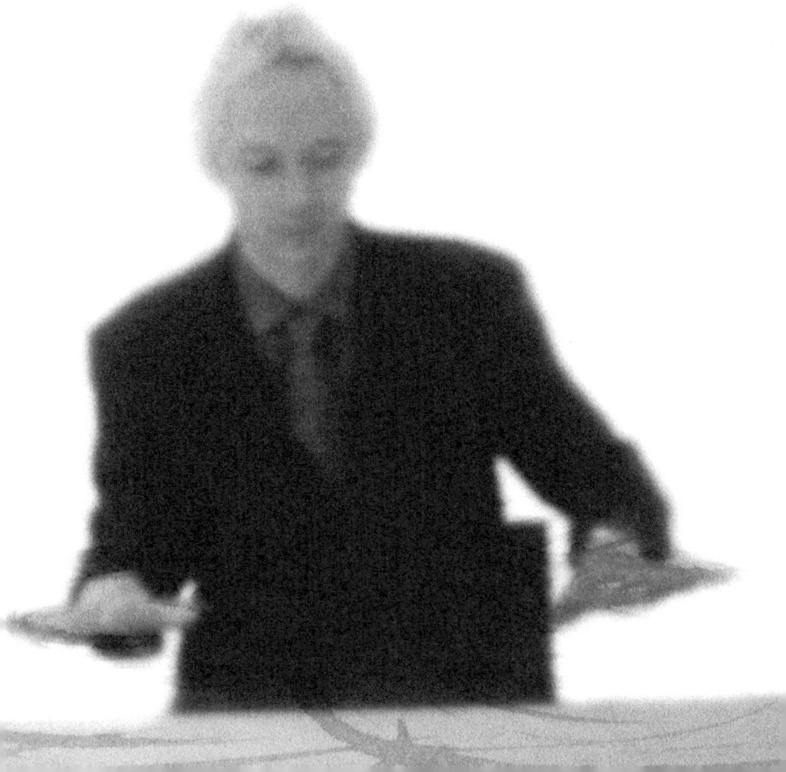

その他のジェスチャー

Je nage complètement.
ジュ ナージュ コンプレートマン

Je suis completement paumé.
ジュ スィ コンプレートマン ポメ

Je n'y comprends rien.
ジュ ニ コンプラン リヤン

「困ったな」

「さっぱりわからない」

　困難な状況に置かれ、どうしていいかわからなくなったとき、右も左も分からなくなってしまったときは平泳ぎで泳ぐ真似をします。

☆　nager ＝ 泳ぐ
☆　se paumer ＝ 道に迷う

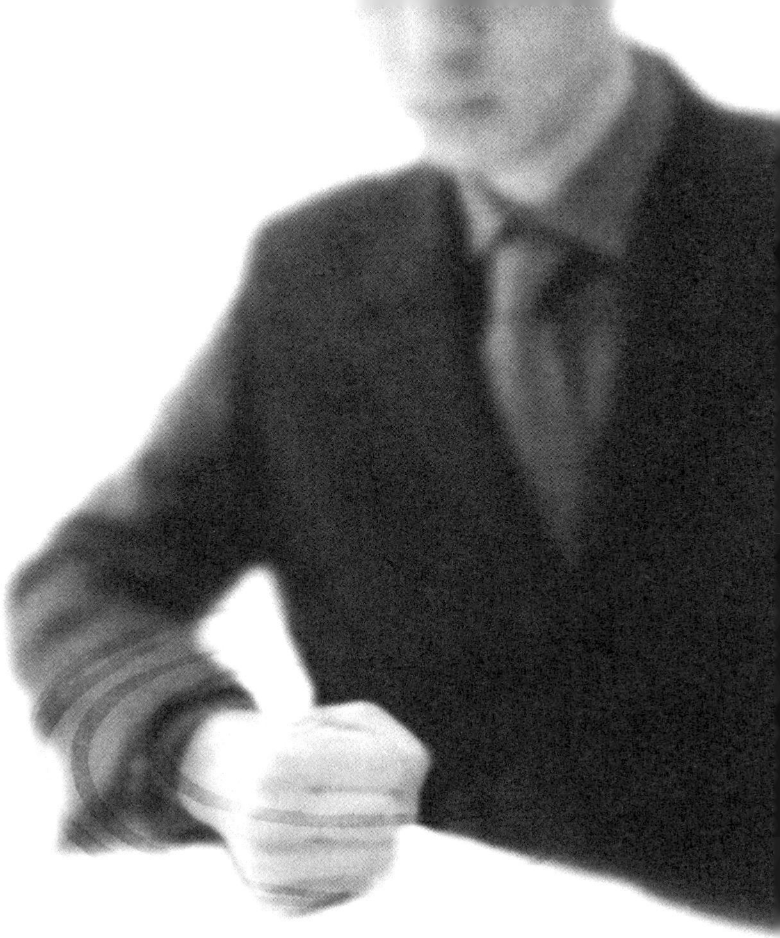

その他のジェスチャー

Il faut serrer la vis.
イル フォ セレ ラ ヴィス

Il va falloir être plus sévère.
イル ヴァ ファロワール エートル プリュ セヴェール

「活をいれなければ」
「もっと厳しくしなくては」

　たるんでいる人、気を入れて仕事をしていない人を引き締めて厳しく扱う必要があることを示すときには、ドアノブをひねるように、握りこぶしを半回転させます。ネジを締めるようにも見えます。

☆　serrer la vis à quelqu'un ＝ 人を厳しく扱う

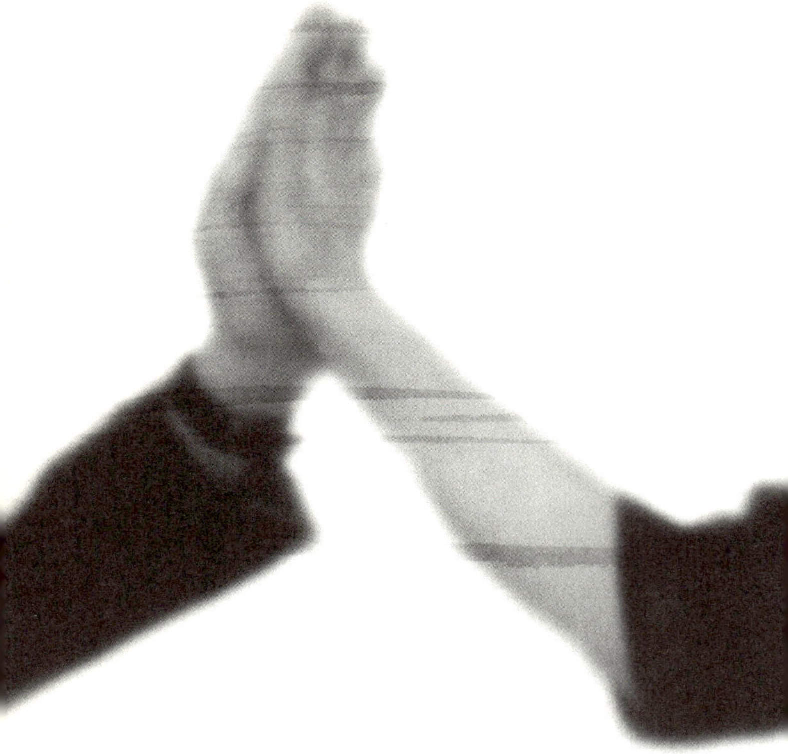

その他のジェスチャー

Tope là!
トップ ラ

Promis!
プロミ

Marché conclu !
マルシェ コンクリュ

「これで手を打とう」
「約束だよ」
「これで話は決まった」

約束したとき、取り引きが成立したときには、おたがいの手の平を打ち合います。

☆ toper =(同意の印に)手を打ち合う、グラスを鳴らし合う。(挑戦などに)応じる。

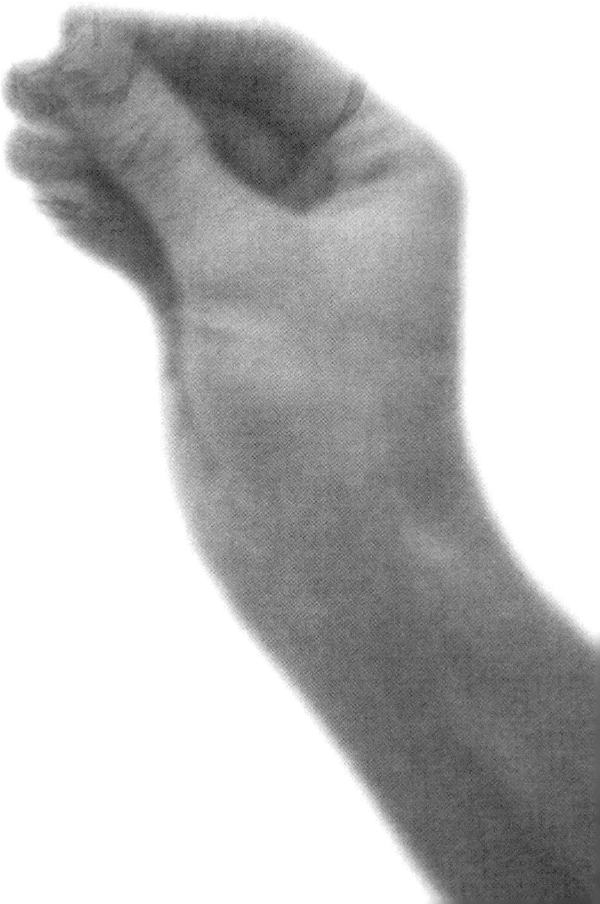

その他のジェスチャー

C'est cher.
セ シェール

Ça coûte cher.
サ クート シェール

Tu as des sous ?
チュ ア デ スゥ

「高いよ」

「お金、持っている？」

　お金を話題にするときや、値段が高いことを示すときには、親指と人さし指の腹を札を数えるかのようにこすりあわせます。

☆　des sous＝お金。de l'argent の俗語です。その他にも、des ronds (ドロン)、du pognon (デュポニョン)、de l'oseille (ドロゼイユ)、Ça coûte cher (デュブレ) といった言い方もあります。

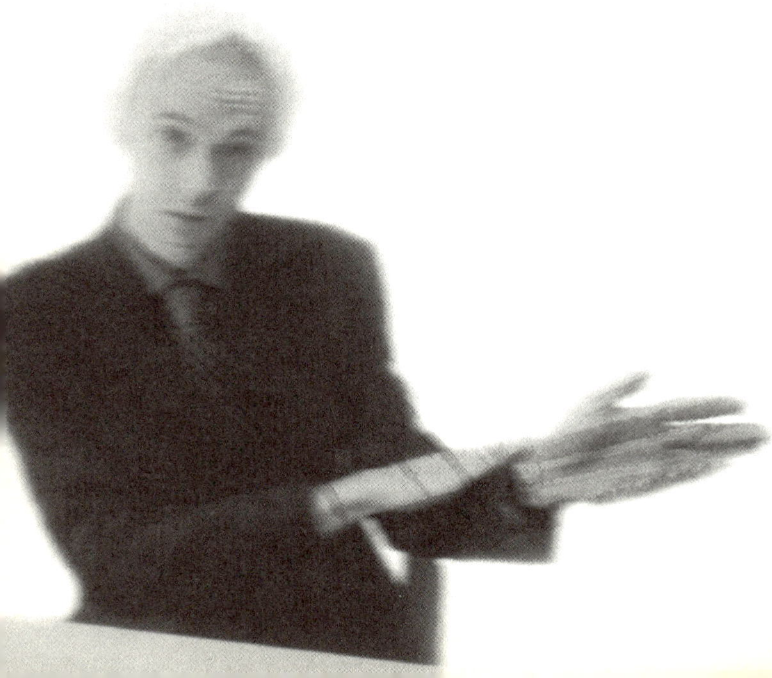

その他のジェスチャー

1 # On s'en va ?
オン サン ヴァ

2 # On se tire ?
オン ス チール

3 # On se casse ?
オン ス カッス

1.2 「おいとましようか」
3 「行こうか（その場を去るという意で）？」

腕時計を覗くように左腕を軽く曲げ、右手で手首を軽く触れます。このとき、左手の指は伸ばしてください。

☆ se tirer = 帰る、逃げる、ずらかる

139

●ヨーロッパでのジェスチャーのチャンピオンは？

　フランス人は、ヨーロッパでも手振り身振りの多い国として知られています。けれども、ヨーロッパでいちばんジェスチャー好きなのは、やっぱりイタリア人。なかでも、ナポリは、最もジェスチャーが使われている街ではないかと言われています。遠くから見てみると、街人が全員手話をしているようにも見えるでしょう。イタリア人とフランス人のジェスチャーを観察していますと、イタリア人のがずっとオーバーで、二の腕や首まで動かしています。

●フランスのジェスチャーはフィレンツェ経由？

　フランスは、イタリアやスペインについでジェスチャーを多用する国として知られていますが、実は、16世紀まではほとんど使われていなかったのです。社会学者のピーター・コレット氏の著書『Foreign Bodies（「ヨーロッパ人の奇妙なしぐさ」／高橋健次訳　草思社）』によれば、アンリ4世と結婚するためにフェレンツェからやってきたマリ・ド・メディシスがフランスに来てからジェスチャーが普及し、それまではフランスではしぐさは下品なものとしてみなされていたとか。１９世紀の始めごろには、ジャスチャーはずいぶんと浸透し、上流階級から、一般市民まで誰もが使うようになり、俗語や隠語や猥語と密接に結びつき、ポピュラーなコードとして定着したのです。

●フランスらしいジェスチャーとは？

　フランスは「口」の文化だと言われています。ふざけてフランス人の真似をするときは、しばしば、おちょぼ口を作ってしゃべったりします。確かに、フランス語の発音は口を前に突き出すものが多く、ジェスチャーにおいても口の役割は重要なポイントになっています。肩をすくめるときに口をへの字にしたり（126ページ）、手の平をヒラヒラさせるときに口をこわばせたり（90ページ）、とにかく口の表情が豊かなのがフランス式ジェスチャーの特徴なのです。

●フィルム・ミュエをみてみよう

　フランス人のジェスチャーに多少なり興味をもたれた方は、フィルム・ミュエ（無声映画）をご覧になることをお薦めします。ジョルジュ・メリエスや、リュミエール兄弟、ルイ・フィヤード、アベルガンスなどの監督映画作品に登場する人物のしぐさや、顔の表情に注意し、観察してみると映画を2倍楽しむことができるでしょう。

*しぐさは、フランス国内でも地方やジェネレーション、コミュニティなどによってかなり異なります。また、どこの国でもそうでしょうが、ジェスチャーを頻繁に使う人とあまり使わない人の個人差も大きいものです。
　本書は、パリに在住の20代後半〜50代前半のフランス人男女10人のジェストを基準にして執筆しました。本書に掲載したジェスト以外にも、フランスのジェスチャーはもちろん沢山存在するわけですが、現在パリで日常的に使われている基本的なものを選択したつもりです。

にむらじゅんこばるう　Junquo Nimura Barouh

　パリ第四大学で考古学と美術史を学んだのち、フランスと日本の出版社に勤務。その後、執筆業に転換し、現在パリ在住。近書に、ディープパリガイド「パリを遊びつくせ」（原書房）、「フランス語で綴るグリーティングカード」（三修社）、「ねこ式フランス語会話」（三修社）、翻訳書に「フランス式クリスマスプレゼント（Contes erotiques de Noël)」（水声社）などがある。

ハミル・アキ　Hamiru・Aqui

書画家。日本の書道をベースにした作品を、日本とヨーロッパを中心に発表している。1996年にフランスで出版された(LE CORBEAU(WILLIAM BLAKE&CO.EDIT)は一冬で完売に。フランスの詩人、俳優などにファンが多い。また最近ではレストランやショップにおける完成度の高いアートディレクションでも注目されている。

装丁・デザイン
戸村守里

モデル
Eric AULD

コンセイエ・ランギスティック
Benoît DUPUIS

Merci à ...
（敬称省略）
Benoît DUPUIS, Daniel GUETTA, Agnes GIARD, Francis DEDEBBELEER, Sylvie, Thierry DEPAGNE, Bernard MORALES, Dominique DEHORS, Marcel POLIN, Didier HAYS, Maryem ROYER,
亀山美希子夫妻、二村義政、種田桂子

好評発売中！

フランス語で綴るグリーティングカード
こころのこもった素敵なフレーズ集
にむらじゅんこ著　ハミル・アキ画

手紙やカードから履歴書まで一年を通して使える素敵な言葉をたくさん集めました。すぐに使える心のこもったフランス語のメッセージ集。

定価本体1400円+税

「ねこ式」フランス語会話
ねこと一緒に暮らすための257フレーズ
にむらじゅんこ著　ハミル・アキ画

日常生活のさまざまな状況を想定し掲載したフレーズは猫ちゃんだけでなく、友人や恋人にも使用可能です！

定価本体1400円+税

三修社